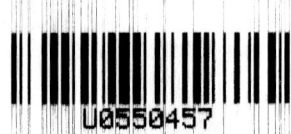

# 覺醒之道

## 寫給現代人的漸悟指南

達斯汀·迪佩納 Dustin DiPerna——著

張德芬——審定　陶張歡——譯

# A LAMP OF WISDOM

## A Modern Guide to the Gradual Path of Enlightenment e

## 推薦序　一部啟蒙之書、一劑清晰有效的修行強心針、一盞確認「到家」的明燈

華語界深具影響力的個人成長作家

著有暢銷代表作《遇見未知的自己》——張德芬

隨著世界局勢的魔幻發展（戰爭、瘟疫、人工智慧AI等等），我們越發覺得身而為人的渺小無力，年輕人對不確定性的未來充滿了焦慮，對於探索內在世界的需求，更是與日俱增。

所謂的「靈性成長」和基於信仰的心靈追求，也一直是眾多求道者不斷在探索追尋的。

但是，僅僅是追求一個信念的依託、概念上的理解、儀式上的崇拜，好像已經無法解除當代人內心的恐慌和饑渴了。我們想要在靈性追求上有所「成就」，而不只是獲得暫時的安撫。我們想要體悟、看清世界的真相，不只是概念上的了解它就是個虛擬實境的虛幻。我們想要打破那層遮蔽我們與宇宙真理之間的「面紗」，雖然它是那麼的清透稀薄，但這「無門之門」，似乎是眾多求道者難以跨越的一道鴻溝。

臺灣一位非常有名的修行者告訴我，她也是眾裡尋他千百度，最終回首，觸及到了宇宙深奧的源頭，就是基督精神，她全然臣服於這股最高能量，自己修證成功，與上天接軌，時時刻刻處在愛與光的源頭之中，追尋停止了，內心安歇了，無比的輕鬆自在。

聽了這位老師的經歷，我十分羨慕。這條臣服之路，就擺在我面前，可是我卻走不上去。感覺就是不對路，做不到，勉強自己當然也沒用。多年的尋尋覓覓，也曾經滿懷希望，也曾經挫敗擺爛，但始終沒有放棄那顆想要證悟終極真相、徹底離苦得樂的求道之心。

近年來，我個人對藏傳佛法開始有了興趣，因為據說藏密修行的成就者最多，最快速容易。但藏密相關經典浩瀚無數，上師也多不勝數，快速的法門也一直不得其門而入。而很多傳統的上師，動輒要求十萬遍五加行的儀軌（一次做完至少要兩個小時），對我來說，時間體力都不允許，所以常常會陷入無奈和挫折之中。

後來經朋友邵亦波介紹，參加了達斯汀老師的初階大手印課程，才發現了這個珍貴的寶藏傳承之法。達斯汀老師本身是史丹佛大學的教授，曾師從著名的意識哲學家肯·威爾伯多年，而他在哈佛攻讀期間的指導老師丹尼爾·布朗，和他關係密切，進而把這個珍貴的「大手印大圓滿西方教法」傳授給他。

丹尼爾的上師是一位傳統的西藏活佛，他一向就以教法精準、能快速為弟子指認心性而聞名。去了西方以後，他傳承教法給丹尼爾，丹尼爾有心把這傳承教法進一步簡化，減少眾多的繁文縟節和儀軌，變成西方人可以欣然接受、只要循序漸進就能快速證悟的方法。在得到上師的允許之後，他開始帶著達斯汀四處講學，在他2022年過世後，達斯汀繼承衣缽繼續從事教學工作。

在達斯汀六天的工作坊中，我感受到了一輩子打坐也沒有過的殊勝境界，真的非常奇妙。之前就對大手印和大圓滿有所涉獵，但感覺就是：方法簡單，入門困難。達斯汀老師的教學神奇之處在於過程的確是按部就班的奠定基礎，但之後特別快速的就能讓修煉者感受到覺醒覺性（awakened awareness）的滋味，接下來就要不斷地深化、領悟，並且在日常生活中實踐，維持那份覺照（view）。

這本《覺醒之道》，融合了達斯汀教學的精華，並且將藏密裡面甚深的奧祕、教義，以非常生活化的日常語言表達，其中還有問心作業，以及作者提綱挈領的精要提點，真是為現代忙碌無暇的讀者們節約了大量的時間和精力，而能一窺藏密教義的大致全貌。書中描述的一些關於覺醒覺性的美好體驗，不只是文字的表述，更是我們在閉關中可以全然感受到的狀態。

也許，有些天賦異稟的讀者，不用參加老師的課程，在讀書的過程當中，在作者刻意發心的逐步引導下，就能被字裡行間中蘊含的巨大能量帶入那種境界之中。我相信是可以的。只要帶著虔敬的心和足夠的信念，認真的讀完本書，你的意識層次一定能有所提升，在日常的靜坐修行中，必定可以感受到不同的境界。

此外，也許和整合理論專家的身分有關，除了靈性修持之外，達斯汀老師還特別強調「整合身心」的重要性。他認為，如果不能率先了解、承認、接納自己內在的創傷和人格的陰暗面，就貿然的精進修行，很可能會造成人格和心理層面的嚴重損傷（人格解離、靈性逃避等）。

書中他也以淺顯和現代化的語言詮釋了傳統佛法的「四無量心」和「六度波羅蜜」，強調修行人在「覺醒」（wake up）的同時，一定也要注意在心理上「淨化清理」（clean up）的療癒工作，因為，你的內在心理成熟度（grow up），一定要配得上你的年齡，才能成為一名睿智的修行者，展現出（show up）真正的慈悲和智慧，因而能俯仰於天地之間而無愧。

因此，本書可以是對佛法、修行完全不理解的小白讀者的第一部啟蒙之書；也可以是修行多年感覺不到著力點、覺得原地徘徊的修行者一劑清晰有效的強心針；更是那些已然修行有成、但義理不夠明晰的資深修行者的一盞確認自己已經「到家」的明燈。

祝願更多有心覺醒的人，都能走上這條不遠的道途，一路剝離對虛幻假像的執著，直至返回我們的初心自性、究竟證悟。

# 推薦序 我的哈佛校友，一位真修行的禪學導師

經緯創投創始合夥人——邵亦波

我認識達斯汀已有10餘年。在遇到他和他的老師丹尼爾·布朗之前，我對佛法了解甚少，對藏傳佛法更是近乎陌生。那時的佛法在我眼中似乎盡是儀軌與戒律，與現代生活幾乎毫無關聯——尤其對於一個忙於家庭、工作、責任和理想的人來說更是如此。「大手印」與「大圓滿」不過是金庸武俠小說裡玄幻的字眼，「覺醒」一詞更是虛無縹緲的噱頭。

達斯汀和丹尼爾·布朗改變了我在這方面的認知。他們主持的禪修如同一扇通往新世界的大門，向我展現了一條未曾設想的道路。他們的教導既融合了對藏傳佛法的深刻領悟，又與現代科學相互印證；既能用精確的現代語言闡釋玄奧的修行真諦，又在理性與智慧之中，散發出愛與慈悲的光芒。

這10多年來，達斯汀已成為我的摯友。相識越久，我對他的欽佩與敬愛與日俱增。我見證過他經歷生活與事業的困境，更親眼目睹他身體力行地踐行所授教義（你可能會很驚訝，很多修行導師並非如此！）。在他身上，我看到了四無量心、智慧力和大慈悲的真實體現。

本書凝聚了達斯汀的核心教義。既承載藏傳佛法的深厚智慧，又融匯心理學與神經生物學理念。其所闡釋的修行之道在忠於靈性要義的同時，兼具現實可行性，能立刻融入現代生活。

希望各位讀者能跟我一樣，從達斯汀的教義中獲益良多。

作者序

# 念念相續，無有間斷

本書以循序漸進的究竟證悟（enlightnment）之道的模式呈現，融合了傳統佛法智慧和現代心理學洞見。書中從基本教義開始，有系統地展開，直至大手印（Mahamudra）和大圓滿（Dzogchen）的最高證悟，最終讀者將領會圓滿成佛的覺性既普遍存在，且在每個人身上自有獨特的體現。

謹以此書獻給我的靈性導師丹尼爾・布朗，他是一位精通直指心性教學的大師。同時也獻給所有偉大的傳承上師，他們讓教義得以在心相續中維持新意與圓活。願本書為一切眾生帶來無盡的利益。

目錄

## 第6章 理解痛苦



## 第7章 尋求真正的皈依

## 第8章 踐行道德生活



## 第9章 四無量心

## 第10章 菩提心



## 第11章 六度波羅蜜

## 第12章 專注禪修

## 第13章 內觀禪修

## 第14章 大手印與大圓滿



## 第15章 智慧能量與佛身

第 1 章

# 當今社會的智慧明燈

# 為何覺醒對生活於現代的我們仍至關重要？

無論哪個時代，人類都在追尋同一個根源性問題的解答：生命的意義是什麼？我們如何找到持久的滿足感？我們的真實本性是什麼？這些問題在歷史長河中指引著無數的探尋者、哲學家和神祕主義者。佛法的修行道路，尤其是「道次第」（Lamrim佛法典籍的汎稱）或稱「漸悟之道」，為這些探索提供了一種有系統，而且是經過時間考驗的方法，引導人們從困惑走向智慧，從痛苦走向解脫。

在本書中，我邀請你踏上這條漸悟之道，將其作為一種圓活的修行方法。它既蘊含著古老深刻的智慧，又與現代世界緊密關聯。《覺醒之道》這本書就像一張地圖，也是一位夥伴，照亮了無數修行者曾經走過的路。

透過遵循一個清晰且完整的架構，你得以覺醒、領悟自己的真實本性，療癒那些令你內心破碎的創傷，並成長為一個身心合一、充滿慈悲的人，將智慧帶進這個世界。

## 為何是本書？為何是現在？

闡述次第成佛方法的論著有著豐富的歷史。像阿底峽的《菩提道燈論》（*Lamp for the Path to Enlightenment*）和宗喀巴的《菩提道次第廣論》（*Great Treatise on the Stages of the Path*）等經典，都將整個佛法修行之路描繪成一個漸進的過程。這些經典至今仍是無比珍貴的基礎修行指南，若以這些經典教導為基礎進行更新，使其無時差的與當今不斷演變的世界接軌，將會帶來巨大的益處。

我們如今生活的世界與傳統的西藏或印度大不相同。我們大多數人都不是僧侶或比丘尼。許多人所處的文化或社會環境，並不支持我們花費數年時間學習或進行傳統的佛法長期閉關修行。甚至，此刻有些正在閱讀本書的人，可能也不認為自己是佛教徒！

現今，我們生活在一個複雜且快節奏的環境中，這個環境受到心理學見解、神經科學、創傷研究及全球化的影響。我們需要的修行證悟之道的方式，必須能既忠於佛法的本質，又與現代生活保持相關性和接受性。

本書就是為此而做的嘗試。在接下來的章節中，我試圖在傳承與創新之間找到平衡。我的目的是尊重傳統漸悟之道的永恆智慧，同時融入現代科學見解、心理學深度，以及符合時代需求的教學風格。

## 我寫作的原因：我的修行之路

為了讓你理解我寫本書的緣由，我想分享一下自己的經歷。我接觸佛法並非出於盲目的信仰或是文化傳承。我的方法一直是嚴謹探究、深入實踐，並渴望將東方智慧與西方知識融合在一起。

在我的原生家庭中，我們沒有奉行特定的宗教傳統，但家裡始終秉持著開放包容與探索求知的態度。小時候，母親常向我暗示，生命中存在著比表象更深刻的事物。她會將上帝詮釋為宇宙，而宇宙即是愛。就這樣，她在我心中播下了覺醒的種子。我的父親則是慷慨、勤勉與創業精神的典範。他總對我說「努力工作」和「學會如何學習」有多麼重要。他在我心中播下了如何以關懷、影響力和力量立足於世的種子。我將父母的教誨銘記於心，它們一直指引著我的人生。

從康乃爾大學畢業後，我在20多歲時與美國哲學家肯．威爾伯（Ken Wilber）密切合作。除了父母對我產生的巨大影響之外，肯．威爾伯是我的第一位真正意義上的老師。我可以就任何問題向他請教、和他分享一切。我和他談論我的感情困擾、我對生命日益深刻的哲學思考，以及我關於覺醒的一些最為深切的問題。每次我去找他，他都會充滿關愛且用心地回應我，總能拓展和深化我的視野。

肯·威爾伯被稱為「意識研究領域的愛因斯坦」，是「整合理論」的創始人。整合理論是一個綜合性的心理－社會發展模型，它將古代智慧、現代心理學，以及對語言、歷史和社會文化變革的深刻理解整合在一起。因其深度和廣度，整合理論有時被稱為「萬法理論」。我在年輕時接觸到整合理論，這為我奠定了廣泛的知識基礎，至今我仍將其運用到我所從事的每件工作上。我和肯·威爾伯在相識20多年後仍然保持著密切聯繫，情誼深厚。

在與肯·威爾伯共度了充實且收穫豐碩的時光後，我進入哈佛大學研究所，學習世界上偉大的宗教傳統。在研究生期間，我在哈佛大學教授、西方著名禪修大師丹尼爾·布朗（Daniel P. Brown）的指導下深入學習。丹尼爾·布朗既是我的研究生論文指導老師，也是我的主要禪修老師。在與他進行了幾年的學術合作，並作為他的禪修學生向他學習之後，丹邀請我以學徒的身分更深入地參與到禪修教學的學習中。在他的指點和悉心監督下，我學會了如何引導他人進行大手印和大圓滿禪修。總體而言，我跟隨丹學習了16年，經年累月一起並肩教學，維持著亦師亦友的關係直到他於2022年辭世。我永遠感激他對我的善意，以及給予我的精妙指導。他永遠與我同在。

多年來，我仍與現代心理學、創傷療癒和正向心理學領域的其他老師及治療師密切合作。這些經歷讓我明白，僅僅依靠靈性覺醒並不總能解決深層次的情感傷害。許多修行者過度理性化靈性修行，用它來迴避未解決的創傷，而不是將其充分融入自身的成長。我不僅在他人身上看到了這種模式，自己也有過同樣的經歷。經過數十年的個人努力、療癒和自我整合，我親身體驗到了如今觸手可及的神奇治療干預體系。

最後，過去7年在史丹佛大學的教職，以及在CredibleMind這個心理健康平臺副主編的角色，讓我能夠了解這些領域所有最新的學術研究。憑藉在禪修和人類幸福領域的教學、寫作和引領工作，我有幸引導成千上萬的學生踏上這條路。基於我的所有經驗，我明白了從概念性理解到真正覺醒，真正有效的方法是什麼。

證悟的傳承，在其最本真的呈現中，就像一串完整的用愛串聯在一起的珍珠。如果說我在本書中分享了任何有價值的東西，那也僅僅是我從自己的老師和導師那裡所獲得的不可思議的智慧與愛的成果，而我向他們表達感激之情的主要方式，就是讓他們的智慧和證悟得以延續——將其傳遞給你。我在此所分享的一切，都懷著深切的願望，希望能為你帶來益處。願這一傳承的精髓在你心中種下一切美好的種子。

## 靈性圓滿的四個層面

多年來，我和肯·威爾伯共同闡述了靈性圓滿的四個核心面向：**覺醒**、**成長**、**淨化**、**踐行**。這些對於一條完整且身心融合的覺醒之路至關重要。

### 1. 覺醒

覺醒指的是對我們最深層本性的直接體驗——在我們存在的核心，是一片浩瀚、不二的愛之海洋。透過禪修，我們培養定力（奢摩他）和洞察力（毗婆舍那），最終，看穿獨立自我和獨立世界的幻象。大手印和大圓滿為我們提供了直接體認這種無邊界整體性的途徑。

### 2. 成長

光覺醒是不夠的。我們必須在心理上成熟起來，整合各個發展階段，培養情商，建立健康的人際關係，並踐行道德行為。

### 3. 淨化

許多人在追求靈性證悟時，忽略了未解決的創傷、情感傷痛和潛意識的制約。真正的自由需要對相對自我進行深度療癒及整合。這就是相對圓滿。

### 4. 踐行

修行之路的成果不是逃避，而是積極地融入並活躍於世間。真正的證悟體現在為了一切眾生的利益而提供服務、懷有慈悲心並付諸行動。

這四個層面是整合理論的核心精髓。儘管本書強調「覺醒」，但覺醒最好放在靈性圓滿的其他核心層面這一更大的背景下來理解。我對這些面向的探討將會貫串全書*。

## 旅程從這裡開始

在接下來的章節中，我們將透過當代整體視角探索佛法的永恆智慧，尊重傳統的深度，同時讓它完全適用於現在的修行者。

本書無意說服你相信任何事。它是一份邀請——一盞照亮你直接體驗的明燈。道路就在這裡，等待著你。問題是：

**你準備好深入這段旅程了嗎？**

---

*我在其他地方對這些領域有過詳細的論述，我鼓勵感興趣的讀者閱讀我的其他作品以獲取更多細節，尤其推薦閱讀《智慧之流》（*Streams of Wisdom*）。

第 2 章

# 通向漸悟的圓滿成佛之道

# 為何我們需要
# 循序漸進地走向解脫？

我們生活在一個即時滿足的時代。從起床的那一刻起，就被各種通知、快速滾動的頭條，以及那些承諾能迅速解決生活中最棘手難題的訊息輪番轟炸。無論是透過生物駭客技術來實現最佳表現，還是藉助治療技巧來即刻緩解痛苦，甚至是號稱藉由7個簡單步驟就能實現的靈性覺醒，我們的文化都執著於一種概念，即轉化應該是迅速的、毫不費力且有保證的。

但對於大多數人來說，徹底的圓滿成佛——那種能讓我們從痛苦中解脫出來，並讓一切美好蓬勃發展的領悟——不會在一夜之間實現，即使在那些強調頓悟的傳統中。現實情況是，對大部分人而言，圓滿成佛必須隨著時間的推移得以穩固、融合，並內化於身心。

即便最初對自己本性的體悟可能只在一瞬間，若想要究竟證悟，則需要不斷保任、滋養那份覺悟直至證果。

這就是漸悟之道存在的原因。這是一個優雅的展開過程，引導我們一步一步地從困惑走向明晰，從痛苦走向智慧，從自我中心走向滿懷慈悲的狀態。

## 三類修行者：頓悟型、飛躍型、漸悟型

在佛法傳統中，修行者通常根據他們證悟的進程被分為三類。這三類分別是：1. **頓悟型**，2. **飛躍型**及3. **漸悟型**。每一條道路都反映了不同的覺醒方式，但是最終都會導向相同的證悟境界。

### 1. 頓悟型

這類型的修行者最為稀有。這類修行者在聽到某一教導或遇到合適的機緣時，能直接證悟心性。他們的業力和以往的修行已經成熟到毋須再做進一步準備的程度。他們在一瞬間覺醒。頓悟型的修行者就像一根乾燥的樹枝，只須最微小的火花就能迸發出火焰。雖然這種情況常常被理想化，但對大多數修行者來說，這並非普遍的經歷。

### 2. 飛躍型

這類型的修行者會在剎那間取得巨大的進步。他們會經歷很長一段時間的停滯不前，隨後忽然取得突破。這些修行者可能

會覺得成長緩慢，卻會得到深刻的領悟，推動他們前進，而且常常會跳過一些階段。他們的修行之路以停滯期和飛躍期交替出現為特徵。

### 3. 漸悟型

這類型的修行者為最大宗。我們大多數的人都屬於這個類型。覺醒是一步步展開的，就如同水滴石穿一般。透過持續不斷的修行，以及培養合乎道德的行為、禪修和智慧；隨著時間的推移，我們得以提升自己的認知，並清除各種障礙。對於漸悟型的修行者來說，這條道路需要耐心、持續且穩定的努力，以及對這一過程的信任。

儘管修行之旅可能不會充滿驚喜與激情 ，但它為持久的證悟奠定了堅實、不可動搖的基礎。認識到自己是漸悟型的修行者，能讓我們以謙遜和專注的態度投入修行，因為我們明白，每一瞬間的努力都在塑造著我們的覺醒。

本書就是為漸悟型的修行者而寫的。

## 地圖的必要性

請想像一下，你要攀登珠穆朗瑪峰。我想，你應該不會只是搭乘飛機飛到尼泊爾，然後上登山靴就朝著山頂前進吧。在開始攀爬之前，你會需要進行訓練、做好準備，以及適應高海拔環境。除此之外，你還需要一張精細的地圖和一位值得信賴的嚮導為你指引道路。

靈性修行也是如此。

我們的思維受到多年（甚至可能是幾輩子）的習慣模式、認知偏差和錯誤認同的制約。光是閱讀覺醒相關書籍，或有過一次深刻的禪修體驗是遠遠不夠的。如果沒有清晰的地圖，我們可能會迷失方向、感到沮喪，或被一些看似深刻但實際上不能帶來長久究竟證悟的體驗所誤導。

「道次第」或「漸悟之道」，為我們提供了路線圖來指明道路，並且有系統地闡明了修行的關鍵要素，讓我們清楚自己所在的位置及接下來需要培養什麼。

這是一個經過驗證的方法，已經引領無數修行者走向解脫——不僅是僧侶和比丘尼，還包括在家修行者、領導者，以及像我們這樣的普通人。

## 漸悟之道的關鍵階段

本書依據現代的道次第架構而成，融合了經典的佛法智慧與當代的心理學見解。每一章都涵蓋了覺醒過程中的一個關鍵面向，從基礎教導逐步深入到對圓滿成佛的覺性最深刻的領悟。下表是我在本書中所規畫的漸進順序：

## 循序漸進的證悟指南

每一個層面都與其他層面緊密交織，確保了圓滿成佛是穩固的、完整的，而且能切實體現於生活中。

### 1 人生的寶貴機緣

認識到此生的難得

生而為人實屬難得，人身為我們提供了覺醒的獨特契機，也突顯了有目的生活的重要性。

詳見第 3 章

### 2 無常與死亡的真相

將擁抱變化作為解脫之鑰

認識到存在的無常本質，可以讓我們擺脫恐懼和執著，促使我們帶著緊迫感，全身心地投入靈性修行。

詳見第 4 章

### 3 業力與因果的力量

藉有意識的行為塑造我們的命運

我們的思想、言語和行為塑造了我們的經歷，藉由轉化惡業並種下善因的種子，我們為覺醒創造了正向未來的條件。

詳見第 5 章

### 4 理解痛苦

痛苦的起因及其終結

透過理解苦（痛苦）的本質及其根源，我們學會將痛苦轉化為智慧與解脫。

詳見第 6 章

### 5 尋求真正的皈依

安住於無法撼動之處

真正的皈依在於透過佛、法、僧來認識我們最深處的本性，而非依賴於物質世界、地位或人際關係等轉瞬即逝的外在因素。

詳見第 7 章

### 6 踐行道德生活

成長與踐行

透過克制、培養美德，以及基於智慧的行動來踐行道德行為，這構成了內心平靜的基礎，並深化我們的靈性道路。

詳見第 8 章

### 7 四無量心

一顆覺醒之心的無限品質

透過培養平等心、無條件的愛心、慈悲心和隨喜心，我們訓練心超越自我中心的慣性模式。

詳見第 9 章

## 8 菩提心

為利益一切眾生而覺醒

從個人解脫到普世覺醒的轉變，是透過相對菩提心和究竟菩提心實現的。由此起願，願你和一切眾生都能獲得圓滿究竟的證悟。

詳見第 10 章

## 9 六度波羅蜜

踐行智慧與慈悲

布施、持戒、忍辱、精進、禪定和智慧是菩提心的實質體現，將覺醒的行為融入日常生活。

詳見第 11 章

## 10 專注禪修

馴服心念

以 9 個禪定的階段來使心念平靜且穩定下來。當心念得到恰當訓練時，我們就能用心去審視自己的直接體驗，從而生起內在的智慧。

詳見第 12 章

## 11 內觀禪修

看透相對體驗，認知真實本質

透過佛法的三轉法輪，我們超越固定的身分認同，將無常、空性和佛性視為實相的基礎。

詳見第 13 章

## 12 大手印與大圓滿

圓滿成佛之道

大手印的四瑜伽和大圓滿中噶拉多傑（極喜金剛）的三句擊要（椎擊三要），引導修行者認識並穩固覺醒的覺性。這些教導培養並引領人們走向圓滿成佛。

詳見第 14 章

## 13 智慧能量和佛身

圓滿成佛的無盡示現

五智之力和三身佛揭示了圓滿成佛如何透過形相，以及行為在世間不斷示現其自身。

詳見第 15 章

## 14 佛果的獨特展現

單一證悟的多彩呈現

每一尊佛都作為五方佛家族中某一原型佛的化身，以獨特的方式示現。

詳見第 16 章

## 15 圓滿與慈悲

道路的終點，佛果的起點

儘管解脫得以圓滿成就，但完善善巧方便和慈悲行為卻是無窮無盡的。

詳見第 17 章

## 請與我一同踏上覺醒之道

本書的目的是提供一條可行的修行之路，書中的練習和修行方法你立刻就可以應用到自己的生活中。我希望這本書能像一盞明燈，為你照亮前方的道路。

下一章，我們將探索這條道路上的第一步：認識到此生為人的寶貴機緣。

**現在，請隨我一同思考以下問題：**

□你進行靈性修行最深層次的動機是什麼？
□在你自己的修行旅程中，你處於哪個階段——是在尋求解脫、尋求智慧，還是在尋求徹底的證悟？
□你覺得有哪些障礙在阻擋你前行？

**無論你身處何方，道路已然在你的腳下鋪展開來。讓我們一起攜手同行。**

第 3 章

# 人生的寶貴機緣

# 認識到此生難得

在人生的某些時刻，我們都會經歷一些促使我們退一步反省的事情。這些時刻可能源於失去、疾病、退休、個人危機，甚至是極致的喜悅和美好的體驗。這些時刻打破了我們的常規生活，迫使我們去追問：人生究竟是怎麼一回事？真正重要的是什麼？也許我們甚至會開始提出一些根源性的問題：

**我是誰？我為什麼會在這裡？**

佛法教導我們，認識到人生的寶貴是漸悟之道上的首要步驟之一。這種領悟並非意在製造壓力或內疚感，而是為了轉變我們的視角，幫助我們明白，我們擁有一個難得且寶貴的機會，以便我們能夠帶著覺察、目標和智慧去生活。

我們許多人在生活中前行時，彷彿擁有無盡的時間，好像我們可以在取得成功、組建家庭，或是滿足了社會的所有期望之後，再去思考那些更深刻的問題。然而，正如我們將在本章中探討的那樣，推遲處理最重要的事情是我們可能冒的最大風險之一。

## 為何此生是一次非凡的機遇

佛法的教導描述了投生為人且能夠進行靈性修持是多麼難能可貴。教導中說，投生為人的機率，就如同一隻盲龜每一百年浮出水面一次，卻恰好能夠將頭穿過漂浮在海洋表面的一個金環。

換句話說，拋開所有抽象的想像畫面，像我們目前這樣擁有所有自由和優勢的人生是非常罕見的。

但究竟是什麼讓人生如此寶貴呢？

### 1. 我們具備自我覺察的能力

與那些純粹受本能驅使的生物不同，我們能夠反思自己的經歷，做出有意識的選擇，並培養智慧。

### 2. 我們能夠接觸到高深的教導

世間有許多人沒有接觸過深刻的智慧傳統，而真正有時間和資源去深入鑽研這些傳統的人更是少之又少。然而，我們卻有這樣的機緣，能夠奢侈地去思索這些神聖的教誨。

### 3. 我們擁有修行的自由

與那些處於極度痛苦或壓迫之中的人不同，我們有空間去探索關於人生意義和滿足感的更深刻的問題。這是多麼幸運！

### 4. 我們面臨著無常帶來的緊迫感

我們的生命是有限的，這使得每一刻都成為一個帶著清晰認知和明確目標去生活的機會。如果我們能夠長生不老，也許我們永遠都不會想著去探尋那些最深刻問題的答案。但現實是，我們的生命如此短暫！

認識到這些並不意味著我們需要摒棄一切或放棄世俗生活。相反的，它促使我們對自己的生活方式有更多的覺知。

## 覺醒的可能性：或許從未有人告訴你這是可能的

許多人從未探尋過覺醒之路，並非因為他們拒絕這條路，而是因為從來沒有人告訴過他們，世上竟然存在一種叫作「覺醒」的事，而且是有可能實現的。

在我20出頭的時候，我第一次體驗到了覺醒。那是一種深刻的感受，從根本上改變了我的生活。這種狀態持續了幾個月，然後漸漸消退了。我向丹提出的第一個問題就是：「真的有可能一直保持覺醒的狀態嗎？」他回答說：「當然！這正是關鍵之所在！」

但在那之前，在我的人生中從來沒有人告訴過我，「保持覺醒狀態才是關鍵之所在」！我原本以為覺醒更像是一種時有時無的狀態。我還從未想過覺醒是一種可以一直保持的狀態。

有時候，我們只是需要知道什麼是有可能的。

所以，無論你是已經知道這是真的，還是第一次聽到這個說法，我都要在這裡告訴你，**究竟證悟是可能的**。不僅如此，究竟證悟並不只是在來世才可能實現，而是在今生就有可能實現。事實上，這才是關鍵所在，是你來到這裡的原因，也是你此刻正在閱讀本書的原因！

選擇一種致力於覺醒的生活，是我們能夠做出的最有意義、最令人滿足的選擇。

稍微思考一下這些問題：

- □有多少人一生都認為事物就是它們呈現的樣子，認定自己對世界的體驗是固定不變的呢？
- □有多少人在痛苦、焦慮或不安中掙扎，卻從未意識到其實存在一條通往自由的道路呢？
- □有多少人在人生中前行，卻從未有人告訴過他們，深刻而長久的滿足感是有可能擁有的——並不是相對少數的神祕主義者才能擁有，而是他們自己在今生就可以擁有的呢？

對大多數人來說，深刻的轉變是可能實現的這種觀點，從沒被當作一種現實展示給他們。從來沒有人向他們展示過，其實存在一種方法，可以超越世俗被迷惑的心智，超越掙扎與困惑，進入覺醒帶來的廣闊自由之中。

但真相是：你不必拘泥於各種局限、壓力或潛意識的模式而活。**對你而言**，有些極其深刻的事情是有可能實現的。覺醒並非只專屬於僧侶、瑜伽士或聖人們，而是你與生俱來的權利。

人們很容易認為究竟證悟是某種抽象或遙不可及的東西。但每一個覺醒的人——曾深入探究、真誠修行，並最終發現解脫真實存在的人——曾經都和你一樣。**如果他們能做到，你也能做到。**

此刻，在今生，你已經擁有了最為珍貴的禮物：得以生而為人，擁有思考、修行和轉變的能力。覺醒的教導以純粹的形式呈現在你面前。踏上這條道路的機會就在眼前——不是在遙遠的未來，而是現在。這就是此生所賦予你的非凡機遇。

如果你正在閱讀這些文字，你已經瞥見了通往更深層次解脫和真正圓滿成就的大門。你會打開這扇門並走進去嗎？

# 將這份智慧融入日常生活

思考生命的珍貴並不意味著我們需要立刻做出徹底的改變。有時候，意識上的微小轉變會產生最大的影響。
以下是三種在日常生活中培養對這一珍貴機遇更深刻認知的簡單方法：

---

## 1. 晨間問心

每天早晨，花點時間提醒自己：

**☐今天是難得而珍貴的一天。我會明智地度過這一天。**

這個小習慣能讓你的思維模式從潛意識的慣性狀態轉變為有意識的狀態。

---

## 2. 與重要之事保持一致：

在一整天裡，問問自己：

**☐這個行為與我真正重視的東西一致嗎？**

這個問題能幫助你在做決定時做出正確選擇——無論是如何支配時間，還是如何與他人相處。

### 3. 在細微時刻培養覺察力：

我們毋須花費數小時進行禪修才能有意識地生活。即使是一些短暫的時刻，比如在開口說話前停頓一下，充分感受一次深呼吸，珍惜所愛之人的陪伴都能幫我們意識到生活的豐富多彩。

·思·考·練·習·

## 帶著目標意義感而非迫於壓力生活

問心的目的不是給你的生活增加更多壓力。相反的，它培養的是感恩之心和專注當下的能力。當我們深切感激生活時，我們自然而然地會變得更加積極投入、更加清醒，也更具慈悲心。

所以，我邀請你思考：

□對你來說，有意識地生活意味著什麼？

□今天你能邁出怎樣的一小步，讓你的生活與真正重要的事情保持一致呢？

下一章，我們將探討無常的真相，以及死亡的必然性。

目前，只須記住：

**此生難得。這是一個覺醒的寶貴機會。**

第 4 章

# 無常與死亡的真相

# 將擁抱變化作為解脫之鑰

上一章，我們探討了人生的珍貴之處，認識到此生是何等稀有且寶貴。但隨之而來的是一個同樣重要的認知：此生不僅稀有，而且轉瞬即逝。如果我們不深刻領悟無常的真理，就有可能把我們寶貴的時光浪費在分心、猶豫，以及對那些終將改變的事物的執著中。

無常並不是一種抽象的哲理，而是我們在每一個瞬間的切身體驗。身體在衰老，人際關係在變化，情緒在起落，職業在發展變遷，我們所執著的一切終將改變。

然而，我們不應將無常視為一個需要解決的問題，而應明白，正是無常本身讓生命變得有意義。如果一切都是固定不變、永恆存在的，那將不會有成長，不會有深刻的人生體驗，也不存在轉化的可能性。

我們越是抗拒無常，就會遭受越多的痛苦。我們越是接納無常，就越能與實相契合。

## 無常的兩面

看待無常有兩種方式：

### 失去的一面

這是我們在思考無常時通常會想到的情況：摯愛的人離世、關係的終結、青春的消逝，以及我們曾經認為是永恆不變事物的瓦解。當我們心懷執著來面對無常的這一面時，往往會引發悲傷、恐懼和痛苦。

### 可能性的一面

無常也為療癒、轉變和成長提供了可能。因為沒有什麼是一成不變的，所以我們永遠不會被困住。痛苦是暫時的，身分角色可以演變，而今天阻礙我們的處境明天可能就會改變。這是無常帶來解脫的一面。

當我們了解了這兩個真相，我們就開始認識到無常本身並無好壞之分——它不過是事物的本然狀態。

在這真理之中，我們有一個選擇：要麼抗拒它並承受痛苦，要麼接納它並獲得自由。

## 死亡是真實的，且降臨時間難以確定

對無常最有力的思考之一，便是承認我們自己終將死亡這一真相。

以下是我們確知為真的事實：

**死亡是必然的**

每一個有生命的存在最終都將死去，無一例外。

**死亡的時間是不確定的**

我們不知道自己會在何時、何地，以何種方式死去。

**死亡來臨時，我們什麼都帶不走**

我們的財物、地位，甚至我們的身體都必須被拋下。

讓我們拋開這種抽象的概念，把它與自身聯繫得更緊密一些。這意味著你自己的死亡是必然的，你終將死去。而你死亡的時間是未知的，你不知道自己何時會離世。死亡之時，你什麼都無法帶走。

這個真相可能會讓人深感不安，但死亡也是你所遇到的最深刻的「老師」之一。

我們大多數人活著的時候，彷彿自己擁有無盡的時間。我們拖延真正重要的事，並認為總有另一天、另一個機會、另一個時刻去做我們一直想做的事。但現實是，我們不知道自己的最後時刻何時會到來。

昨晚的日落會是我們此生見到的最後一次嗎？

那會是你最後一次對孩子們說你愛他們嗎？

如果我們對自己坦誠，我們真的無從得知。

沉思自己的死亡，並不是為了製造焦慮，而是為了培養清晰感和緊迫感——一種對真正重要之事的專注感。

當我們接受死亡的現實時，我們就會停止拖延幸福，意識到當下是唯一能讓我們真正活著的時刻。我們放下瑣碎的擔憂，不再把精力浪費在並非真正重要的事情上。我們全身心地投入生活，明白每一刻都是珍貴且無法重來的。

如果我們深刻理解自己的死亡是真實的，且無法確定時間，我們就會自然轉向那些最有意義的事情。我們不會再把時間浪費在分心、猶豫或後悔上，而是會以一種極具意義的方式，善用這寶貴的人生機遇。

## 無常：通往解脫之門

總的來說，無論是透過思考死亡，還是僅與變化建立更深層次的聯繫，理解無常都會自然而然地引領我們走向更自由的生存狀態。有了這種理解，生活變得靈動多變、能順應變化，且不再受僵化的執著所束縛。

最終，對無常更深刻的認識會讓我們不再緊緊抓住身分認同不放。我們不再執著於關於自己是誰的固有觀念，而是開始把自己看作是不斷成長變化的。舊的自我概念失去了拘束力，我們給予自己自由，讓自己能夠自然地成長、改變和發展，而不擔心會失去某些至關重要的東西。

在人際關係中，這種觀念帶來了一種開放和自在的感覺。我們不再試圖去控制他人，也不再期望他們一成不變，而是接受這樣一個事實：所有的關係都是充滿活力且不斷變化的。我們不再要求所愛之人始終如一，而是在每一個當下接納他們本來的樣子，欣賞他們不斷成長變化的美好。

關係的結束也不再那麼令人畏懼。一個階段的結束、心愛之人的離去，或是曾經珍視之物的失去，不再需要以恐懼或遺憾來面對。當我們認識到一切都會按照其自身的時間節律出現和消逝時，我們學會了以接納和優雅的態度來迎接轉變。

這就是為什麼佛法不是教導我們去抗拒無常，而是讓我們以開放和清明的態度去認識無常的本質。

我們不再與生活中不可避免的變化洪流作鬥爭，而是發現接納無常能讓我們毫不費力地與之同行，在每一個當下的展開中找到自由。

## 將無常和死亡
## 融入日常生活的修行方法

### 1.無常日記

每天結束時，花幾分鐘時間進行問心：

□今天發生了哪些變化？
□有哪些我試圖緊抓不放，但實則無常的東西？
□今天，無常是如何開啟了新的可能性的？

透過定期留意生活中的細微無常之處，我們讓自己做好準備，以智慧去面對更大的變化。

---

### 2.覺察呼吸

靜坐幾分鐘，只是專注於觀察自己的呼吸。每一次吸氣出現又消逝，為下一次呼吸讓出空間。

這是對無常的一種直接體驗。當你呼吸時，保持好奇心。留意到沒有兩次呼吸是完全相同的，然而，你內在有某個部分始終保持穩定，見證著這一切。

---

### 3.沉思死亡

每天早晨，提醒自己：

- □我不知道明天自己是否還活著。
- □如果今天是最後一天，真正重要的事情是什麼？
- □我要怎樣才能毫無遺憾地、充實地活在當下？

這種修行能讓我們擺脫干擾，提醒我們讓自己的生活與最重要的事情保持一致。

·思·考·練·習·

## 順應變化，擁抱生活

無常並不是我們需要征服、修正或逃避的東西——我們必須學會與之共舞。我們越是接納變化，就越能順應生活本身的流動。理解無常會自然而然地引導我們進入下一個關鍵的思考：業力與因果。如果一切都在變化，那麼我們的行為就能影響接下來出現的事物。我們如何生活，如何思考，以及如何與世界互動，都為未來發生的事創造了條件。

下一章，我們將探討業力如何讓我們深刻理解自己是怎樣塑造自身經歷的。

目前，只須記住：

**死亡是真實的，且無法確定其降臨的時間——就讓這個真相引領你全然地進入生活吧！**

## 第 5 章

# 業力與因果的力量

# 藉有意識的行為塑造我們的命運

如果說無常讓我們明白沒有什麼是一成不變的，那麼業力則讓我們懂得沒有什麼事情是偶然發生的。

我們經歷的所有時刻——我們的情感、思想、人際關係，甚至是生活中的各種境遇——都被一張由因和緣交織而成的複雜網絡所塑造。

從最基本的定義來講，業力意味著因果關係。它讓我們認識到，我們的行為——包括身體上的和心理上的——會引發一連串的後果，從而塑造我們的未來。但業力不是命運，也不是一種神聖的審判體系。它是一種自然法則，就如同萬有引力一樣，藉助習慣、意圖和後果的模式發揮作用。

理解業力可以讓我們認識到，我們並非無能為力。儘管我們無法控制生活中發生的一切，但我們可以憑藉當下的所思、所言、所行，有意識地塑造我們未來的軌跡。

## 超越迷信的業力

很多人誤解了業力。在世俗之見中，業力常被簡化為一種即時的正義體系——好像做了壞事就會立刻遭遇不測；做了好事就一定會馬上得到回報。

但業力並不像自動販賣機那樣運作。它更像是在花園裡播種。有些種子很快就會發芽，而有些則需要數年時間才能結果。有些業力種子留下的印象非常深刻，因此，發芽時產生的影響也會大得多。而另一些業力種子種下的方式比較淺，結果時產生的影響就微乎其微。我們當前的生活境遇是由即時的和長期的原因共同塑造——有些源於近期的行為，有些則源於長期積累形成的模式。

這就是為什麼生活常常看似不公平。心地善良的人有時會受苦，而行為自私的人卻好像過得很好。但業力法則並非基於短期的表象。就像有些植物需要數年時間才能開花一樣，我們行為的後果往往也需要時間才會顯現。

## 業力的四個特點

在傳統的佛法中，業力有四個顯著特徵：

### 1. 業力具有確定性

當一個行為啟動，其後果就會隨之而來，除非有其他因緣進行抵消。種下的種子，在條件適宜時就會生長。

### 2. 業力會擴大。

一個微小的行為可能會產生連鎖反應。一個單獨的善舉或惡行，可能引發遠遠超出我們所能預見範圍的一系列後果。

### 3. 我們只會體驗到自己業力的結果

一般來說，我們只會承受自己以前行為所種下的業果。但是當有人受到創傷性的打擊時，我們要善巧地帶著慈悲心去同理他。作為普遍原則，我們並不承受他人業力的後果，同理，也沒有人會因為我們的業力受苦。

### 4. 業力不會消失，除非它成熟或得到淨化

行為會在我們的意識中留下印記。如果我們不刻意改變負面模式——基於我們個人的努力，或是經由一位開悟上師的加持庇佑——負面模式將繼續塑造我們的經歷。

這些原則幫助我們理解為什麼我們會處於現在的境地，更重要的是，我們如何能夠有意識地塑造我們未來的走向。

## 業力如何塑造我們的心智和身分

業力最強大的面向之一，不僅在於它如何影響外部環境，還

在於它如何塑造我們的心智：每一次，我們以善意、耐心或慷慨的態度行事時，就是在強化自身內在的這些品質。每一次，我們出於憤怒、貪婪或恐懼行事時，也就在強化這些傾向。

理解業力的運作方式，會影響我們如何應對發生在我們身上的事，無論是什麼情況。

如果我們缺乏覺察，我們可能會潛意識地重複舊有的模式——以同樣的方式應對各種情況，做出同樣的選擇，並重蹈同樣的困境。但當我們開始覺察到自己的行為時，我們就獲得了改變的力量。

## 意圖的力量

並非所有行為在塑造業力方面都具有同等的影響力。一個行為背後的意圖往往比行為本身更為重要。例如：

- 不小心踩到一隻蟲子與故意傷害牠是不同的。
- 出於愛心向慈善機構捐款與為了給他人留下好印象而捐款是不同的。
- 出於憤怒而惡語相向與出於必要的慈悲而言辭激烈也是不同的。

這意味著業力不但關乎我們做了什麼，還關乎我們行為背後的能量。當我們培養善巧的意圖——充滿愛、清晰的認知和智慧時，我們就啟動了未來幸福的因緣。

## 業力與自由意志：我們是否被自身模式束縛？

如果我們的生活是由過去的業力所塑造的，這是否意味著我們只是過去行為的囚徒呢？絕非如此。

當下時刻永遠是一個轉捩點。無論我們繼承了怎樣的模式——無論是來自前世、童年的成長環境，還是近期的選擇——我們始終都有能力改變未來。

想像一下，業力就像一條朝著特定方向流淌的河流。如果我們什麼都不做，就會被過去行為的洪流所裹挾。但如果我們有意識並付出努力，就能夠開始朝著新的方向游去。

這就是為什麼正念至關重要。我們越是專注於當下，就越能在舊有的模式出現時看穿它，並且能有意識地選擇不同的應對方式。

有一句經常被認為是偉大的大圓滿上師蓮花生大師所說的名言——

**「欲知前世因，今生受者是；欲知後世果，今生作者是。」**

蓮花生大師的這句智慧之言突顯了因果（業力）的法則，因為它在時間的長河中塑造著我們的經歷。他教導我們，當下的境遇——無論是幸運的，還是充滿挑戰的——都是過去行為的直接結果。同樣的，我們現在所做的選擇決定了我們未來的走向，無論是在今生，還是來世。

這一智慧強調了個人責任，鼓勵以正念的行為和符合道德的舉止作為創造積極未來的基礎。它提醒我們，改變始終掌握在我們自己的手中，憑藉在當下培養智慧和慈悲，我們能夠塑造一個更加覺悟的命運。

所以，與其試圖預測或控制業力，我們的任務其實很簡單，那就是：盡可能地種下最好的種子——時時刻刻，一個行動接著一個行動，就在當下。

## 轉化惡業

因為業力並非命運，所以我們永遠不會被過去行為的後果所束縛。甚至有一些特定的方法可以淨化和轉化惡業。

以下是你可以採取的四個步驟，幫助重回正軌：

### 1. 認知

承認我們過去所做出的有害行為，不加以否認或自我評判。

### 2. 懺悔（而非內疚）

感到真正的懊悔，這不是自我懲罰，而是改變的動力。

### 3. 重新承諾

下定決心不再重複那些行為。

### 4. 補救行動

採取積極的行動，以幫助平衡和抵消過去造成的傷害。

**四步驟運用示範：**

如果有人意識到自己曾用惡語對人造成了傷害，他們可以承認這一點（**認知**）➡產生想要改變的願望（**懺悔**）➡決定不再用那種言語行事（**重新承諾**）➡然後有意識地在今後多多練習說出更友善、更體貼的話語，以此來轉變自己的業力情勢（**補救行動**）。

無論你是誰，也無論你過去做過什麼，這種改變行為的方法是可行的。每一個瞬間都是播下善業種子的新機會，憑藉覺察、意圖和努力，我們都能從中學會以深遠的方式重新指引生活的方向。

# 在日常生活中踐行業力

我們不必把業力視為某種神祕奇異的靈性力量，而要將它融入切實的日常覺察中。
以下是三種與業力打交道的簡單方法：

---

### 1.三道問心：思想、言語、行動

在做決定之前，問問自己：

□這個想法、這句話或這個行動是有益的，還是有害的？
□它是源於智慧，還是源於習慣？
□我正在為未來的自己種下什麼樣的種子？

這個簡單的沉思可以將潛意識的反應轉變為有意識的行動。

---

### 2.不帶評判地觀察模式

留意你生活中反覆出現的主題——無論是在人際關係、工作還是情感掙扎方面。這些模式可能揭示出業力傾向。不要去責怪外部環境，而要探索：

☐我過去的行為、想法或期望可能如何塑造了這種模式？
☐我可以做些什麼不同的事情來改變這個迴圈？

### 3.播下善業的種子

每天都努力透過以下方式有意識地播下善的種子：

- **小小的善舉**（哪怕只是一個微笑或一句友善的話語）。
- **有意識地說話**（避免八卦，帶著慈悲心真誠地說話）。
- **踐行慷慨**（不只在金錢方面，還包括付出時間、給予關切和關懷）。

隨著時間的推移，這些小小的行動會產生正能量的漣漪效應。

·思·考·練·習·

## 為我們的人生道路負責

業力不關乎恐懼或懲罰，而是關乎理解我們自身的力量。當我們無意識地生活時，就會被過去的習性所左右。然而，當我們意識到業力的存在，我們就會成為有意識的行動者。
本章並非想要你為過去的行為感到負擔，而是要賦予你力量，讓你能夠塑造自己當下和未來的生活。

所以請思考以下幾個問題：

**☐你在無意識中重複著哪些模式？**

**☐你想為未來的自己種下怎樣的種子？**

**☐你要如何在日常的選擇中融入更多正念？**

下一章，我們將探討痛苦的本質——痛苦究竟是什麼，它為何存在，以及我們要如何超越它。

目前，只須記住：

**每一個念頭、每一句話語和每一個行動都在塑造你的人生道路。此刻，正是為未來種下善因的一個契機。**

## 第 6 章

# 理解痛苦

# 痛苦的起因及其終結

痛苦是生命中不可否認的一部分，諸如身體的疼痛、情感的困擾、對生存的迷茫，甚至在幸福時刻也會生出微妙的不安感，這些都是痛苦的體現。在佛法中，稱此為「苦」，是一種深植於因緣和合之現實中的根本性不滿足感。對「苦」的體驗是佛法中的第一聖諦。

但就像業力一樣，痛苦並非不可改變的命運。它因各種因緣條件而生。而且，因為它有其產生的根源，所以是可以被理解、被轉化，最終被超越的。

## 三種痛苦

史料上佛陀描述了三個層次的痛苦：

**1. 苦苦**

這是最直接的痛苦形式，涵蓋了身體上的疼痛、情感上的困擾、疾病、悲痛，以及艱難困苦。

### 2. 壞苦

現實是：所有的快樂都是轉瞬即逝的。歡樂的時刻、成功及愛情都受制於無常，當它們不可避免地發生變化時，就會導致悲傷。

### 3. 行苦

這是最微妙的痛苦，是由於我們執著於一種固定的自我觀念，以及抗拒無常而產生的持續不安。即便生活看似完美，也依然存在著一種潛在的不穩定性。

儘管這些痛苦形式是普遍存在的，但並非無法逃避。佛陀的偉大洞見在於，痛苦源自特定的原因，這意味著痛苦可以從源頭上被根除。

## 痛苦的根源：反應性

如上所述，第一聖諦是，正常生活中充滿了痛苦和不滿足（苦）。第二聖諦教導我們，痛苦並非只是生活中不可避免的特徵；它是有原因的。

**痛苦的根源是反應性**——我們對經歷所產生的習慣性反應。

在任何特定時刻，當我們處於普通的意識狀態下時，我們用以下三種方式之一與現實互動：

**1. 貪愛（執取）**

當我們喜歡某樣東西時，我們會試圖抓住它，並且想要獲得更多。

**2. 瞋恨（抗拒）**

當我們不喜歡某樣東西時，我們會將它推開，並且試圖減少它的存在。

**3. 無明（心不在焉）**

當我們脫離當下時刻，陷入逃避或妄想之中時，我們就完全錯過了正在發生的事。

這三種反應模式（貪愛、瞋恨和無明）是所有痛苦的根源。但還有另一種方式。

## 第四種可能性：以純粹的覺知面對體驗

禪修練習教給我們一種與習慣性反應模式截然不同的方式：我們毋須對體驗做出反應，而是可以**用純粹的覺知去面對它**。這意味著觀察身體的感受、情緒和想法，既不執取、不抗拒，也不迴避。透過這種方式，我們可以完全平等的心態面對自己的經歷。

- 當我們開始培養這種對自身經歷的開放狀態時，痛苦就開始消解。
- 當我們以純粹、不反應的覺知面對體驗時，我們就不再陷入試圖控制那些無法控制之事的掙扎中。

第一聖諦闡明了痛苦的真相，第二聖諦描述痛苦的成因，而第三聖諦則指出痛苦是有盡頭的。以純粹的覺知面對每一次體驗，是結束反應和痛苦迴圈的關鍵。*1

*1：在第13章關於內觀禪修的討論中，會更詳細地探討如何運用「空性」的視角看穿痛苦。

# 應對痛苦的實用方法

我們毋須試圖逃避痛苦，而是可以帶著覺知和技巧去面對。以下是三種你可以嘗試的實用方法：

---

### 1. 觀照練習

· 當痛苦出現時，不要做出反應，只須單純地觀察：

☐我身體的哪個部位能感覺到這種痛苦？
☐與這種感覺相關聯的想法是什麼？
☐當我允許它存在而不去抵抗時，會發生什麼？

· 這種練習在**體驗和反應**之間創造出空間，削弱痛苦的束縛。
· 結果是，你能夠學會有意識的做出**回應**，而不是出於慣性做出**反應**。

---

### 2. 從抗拒轉變為好奇

· 不是問「為什麼這種事會發生在我身上？」，而是問：

□這件事在教我什麼？

□我怎樣才能以開放的心態而不是抵觸的心態來面對它？

· 痛苦往往蘊含著隱藏的智慧——當我們不再抗拒時，我們就能汲取其中的教訓。

---

### 3. 踐行不反應，而非冷漠

試著以純粹、不反應的覺知去面對所有的經歷。無論正在發生什麼，都全身心地臨在（fully present）。

這種平和的心態使我們能夠充分的面對生活而不做出反應。但要小心！許多人會把不反應錯當成冷漠。不反應和冷漠是截然不同的兩種存在狀態。

**冷漠**，是對生活的疏離——它是情感的封閉，是從人際關係、經歷和責任中抽離。它源於逃避、恐懼或冷漠，會導致一種超脫感，讓喜悅和痛苦都變得麻木。

**不反應**，則是一種深度地融入生活，卻又不被其束縛的狀態。它是一種能夠全心全意去愛而不執著的能力，是一種不抱有固定期待而採取行動的能力，也是一種能夠體驗喜悅和悲傷而不被兩者奴役的能力。*[2]

佛法宣導中道——以專注和開放的態度生活，同時，與所有的經歷保持深度的親密接觸。

·思·考·練·習·

## 將痛苦轉化為解脫

痛苦的真相並不是要讓我們沮喪——而是要喚醒我們。

痛苦是心靈在指出我們正執著、抗拒或陷入妄想的地方。當我們清晰地看到痛苦時，它就會成為一位老師，而不是敵人。

所以，我邀請你思考：

**□在你的生活中，哪方面的痛苦讓你最為掙扎？**

**□你正執著於什麼而給自己帶來了痛苦？**

**□稍微放鬆一下你的執著，會是什麼感覺呢？**

下一章，我們將探討第四聖諦的真諦：存在一條通向痛苦終結的道路。超越痛苦的道路始於尋求皈依，致力於那些真正能帶來長久滿足感的事物。

目前，只須記住：

**痛苦不是一種懲罰。它是一種覺醒的邀請。從以純粹的覺知面對所有經歷開始吧。**

---

*2：在第9章關於平等心的討論中，會更詳細地探討這兩種存在方式之間的差異。

第 7 章

# 尋求真正的皈依

# 安住於無法撼動之處

上一章，我們探討了痛苦——痛苦產生的原因、痛苦對我們生活的掌控，以及痛苦是如何因我們的反應和對現實的抗拒而產生的。

現在，我們邁出下一步：探索第四聖諦的真諦。第四聖諦指出，存在一條超越痛苦的道路。超越痛苦的道路始於發現並致力於那些能夠帶來真正且長久滿足感的事物。在佛法中，我們稱之為「尋求皈依」。

佛法中的「皈依」指的是，在痛苦、無常和不確定性的風暴中，我們所尋求的內心庇護。這並不是要逃避艱難的處境，而是即便身處生活的挑戰之中，也能找到內心的安穩。皈依就如同在我們內心和心靈深處那廣闊且不可動搖的聖所中尋求安身之處。

真正的皈依是認識到，平靜與自由並不能在我們自身之外找到，它存在於我們覺醒本質的澄澈與開放之中。

## 虛假的皈依

在人生的某個時刻，我們會迎來一個轉捩點——那一刻，我們意識到一直以來用以追尋幸福的策略並不奏效。我們認識到自己陷入了某種虛假的皈依之中。虛假的皈依是指我們為了獲得安全感、幸福感或身分認同而執著的任何無常事物，但這些事物最終無法給予我們長久的滿足感或自由。

這些虛假的皈依或許能提供暫時的慰藉，但最終無法解決痛苦的根源。它們非但無法帶來長久的平靜，反而使我們陷入執著、逃避和無明的迴圈之中。

人們尋求虛假皈依的一些最常見的生活領域包括：

**物質財富**

金錢能提供安全感，但無法帶來內心的平靜。即便財務穩定，但焦慮、不滿和無常依然存在。

**浪漫關係**

愛情很美好，但沒有任何人能夠化解我們內心深處對存在的不安。藉由他人來尋求完整可能會導致執著、依賴，並且當關係發生變化時，不可避免地會帶來失望。

### 地位與聲譽

得到讚揚感覺很好，但這是轉瞬即逝且有條件的。不斷地需要他人的認可和讚賞，只會強化自我的不安全感，而非帶來真正的自信。

### 知識學問

理解概念並不會自動帶來轉變。如果沒有親身經歷，即便最深刻的教導也只是停留在理論層面，而非切實可行的智慧。

### 享樂與消遣

愉悅的感覺會消退，逃避也只是推遲了痛苦。在娛樂或放縱中尋求庇護只會讓不適變得麻木，卻無法解決其根源問題。

　　這些事物本身並非有害。問題在於當我們把它們當作最終的皈依時——當我們期望它們能提供一種它們根本無法給予的穩定感時，就會出現問題。

　　對於那些已經在靈性道路上頗有進展的人來說，還有一些額外的、可能出現的虛假皈依形式，值得一提。

## 內在修行中的虛假皈依

雖然心理療癒是修行之路的一個關鍵，但當它取代而非支持真正的覺醒時，也可能會成為一種虛假的皈依。一些修行者會無止境地專注於內在工作——療癒創傷、分析童年傷痛，或者完善人格結構——卻從未超越自我提升的榜樣，進入更深層次的解脫境界。

內在工作並不等同於究竟證悟。心理上的完整可以帶來更多的自在與融合，但如果沒有更廣闊的智慧與覺醒背景，它可能會變成另一種形式的自我迷戀。真正的皈依超越了對自我下功夫　它涉及到徹底看透自我。

話雖如此，以靈性超越為名而忽視心理層面的修行也是一個錯誤。真正的靈性健康包含兩個方面：

**1. 相對圓滿**

整合創傷、療癒執著，並培養情感成熟度，這些都有助於塑造健康的自我意識。這是「**自我清理**」。

**2. 無限圓滿**

認識到自我的虛幻本性，並安住於廣闊無垠的覺知本質之中。這是「**覺醒**」。

只有相對圓滿而沒有無限圓滿，就沒有自由或解脫。這可能會導致倦怠和精疲力盡。

只有無限圓滿而沒有相對圓滿，則會讓自我變得破碎。這可能會為在現實世界中做出有害行為創造條件。

我們都聽過一些靈性導師的故事，他們可能確實能夠達到覺醒狀態（無限圓滿），但相對的自我結構卻發展不足（缺乏相對圓滿）。由於這種危險的組合而引發的濫用權力和不當性行為的故事，應該是我們所有人的警鐘。

正如我們在後續章節中將看到的，缺乏如此的整合是徹悟佛陀（真正的上師）與尚未完全成熟的靈性導師之間的關鍵區別之一。一位圓滿佛陀在世間的行為始終會留下善的軌跡，而一位部分開悟的存在則仍可能造成傷害。

我明確提及這一點，是為了讓我們不至於因噎廢食——不要因某些部分開悟的導師會帶來傷害，就否定徹悟導師存在的真實性。

當「無限圓滿」和「相對圓滿」這兩個層面達到平衡時，修行之路就會變得堅實、全面且可持續。為了實現真正的靈性圓滿，我們既需要「**覺醒**」，也需要「**自我清理**」。

## 以服務他人為名的虛假皈依

對修行更為深入的人來說，另一個可能陷入虛假皈依的領域是服務他人。儘管服務他人和慷慨布施是覺醒之心的重要體現，但當它們被用來替代真正的覺悟時，也可能會成為一種隱晦的逃避方式。

例如：

- 有些人全身心投入慈善事業、社會活動或人道主義工作中，但內心卻依然感到不滿足，因為他們沒有面對自己的痛苦、執著或盲點。
- 有些人甚至可能成為靈性導師或社群領袖，做著美好而高尚的工作，但當這種動力是源自於想要被關注、喜歡或欽佩的潛意識模式時，就可能導致倦怠和怨恨。

回饋社會是美好且必要的，但這不能替代覺醒。當服務他人是出於尋求認可、愧疚感，或逃避自我審視時，它就可能會成為另一種外在的虛假皈依。而當服務他人是自然地源自於覺悟時，它就是智慧與慈悲的自然流露。分清其中的區別至關重要。

## 從虛假皈依轉向真正的皈依

虛假皈依的對象本身並不是負面的——財富、愛情、知識、療癒和服務都有其存在的意義。但當我們執著地將其視為終極安全感的來源時，就會出現問題。真正的皈依不會在外部條件中找到——它會在對我們內心本質的領悟中找到。**唯一真正的皈依就是覺醒。**

藉助認識到我們尋求皈依的地方可能無法帶來終極滿足感，我們就可以開始分辨哪些才是值得依賴的真正皈依之所。

在佛法中，我們藉由「三寶」——佛、法、僧，來表達對覺醒的皈依。我們皈依佛（我們的覺醒潛能）、皈依法（證悟的道路）、皈依僧（靈性社群的支持）。三寶可以說是覺醒所需的支撐。

在靈性成長過程中的某個階段，我們會發現，只有在這三寶鮮活的庇護下，我們才能找到那種深沉的、不可動搖的平靜，而這是在因緣和合的世界中任何事物都無法給予的。**皈依佛、法、僧，為我們指明了覺醒所需的道路和支持**。

對於正在閱讀本書且不認為自己是佛教徒的人，我想在這裡強調一個重要觀點。皈依佛、法、僧三寶，並非是在宣揚佛法是唯一的道路。這三寶背後的原則才是重要的，而且這些原則是具有普遍性的。對於基督徒來說，佛可以是耶穌，法可以是《聖經》，僧可以是教會。重要的是皈依的本質。真正的皈依是承認你自己的潛能，認可一條道路，並找到一個社群來支持你的覺醒。雖然本書聚焦於佛法，但這裡更深層次的邀請是以一種與你自己的道路產生共鳴的方式來接觸這些永恆的真理。

## 鮮活的皈依：<br>佛、法、僧及上師的角色

皈依佛、法、僧三寶是佛教靈性修行道路的基礎。每一「寶」都起著引導、保護和覺醒源頭的作用，而且隨著修行的深入，它們的意義也會不斷演變。

## 法：覺醒之道

對很多人來說，「法」是首要且最直接的皈依——佛法（以及其他傳統的神聖教導）為我們展示了一種超越常規的生活方式。在佛法的語境中，這些教導闡明了痛苦、無常、空性以及心的本質。透過這種方式，「法」為轉變提供了以下清晰的方法來引導我們：

- 藉助**合乎道德的行為**來淨化有害的習慣。
- 藉由**禪修**培養平靜且穩定的心智。
- 運用**智慧**看透幻象，並認識到我們的真實本質。

然而，雖然「法」是地圖，但它並非旅程本身。對「法」的真正理解不是來自於閱讀經文或學術研究，而是來自於直接的體驗。

## 佛：覺醒的化身

認識到只依靠學術研究是不夠的，這就突顯了「佛」這第二「寶」的必要性。在修行之路的起點，我們可能會將佛陀視為外在的榜樣，但隨著領悟的加深，我們明白佛性是我們自己最深層的本質。皈依佛意味著致力於在我們自己的直接體驗中了悟自身的佛性。

接觸「法」會激勵我們發揮自己最高的潛能。釋迦牟尼佛就是這種覺悟的典範，他說明了解脫痛苦是可能的。但歸根究柢，佛陀不只是一個歷史人物——它是存在於一切眾生之中的覺醒本性，等待著被完全了悟。

## 僧：結伴同行

當我們認真地將領悟融入自己的直接體驗中時，我們就會意識到與他人一起修行是多麼有價值。皈依僧意味著致力於加入那些支持並踐行這條道路的修行者社群。靈性修行並非獨自前行——僧團提供了：

- 在遇到挑戰時給予**鼓勵和相互提醒**。
- 來自修為更深者的**集體智慧**。
- **一個共同積累的功德場**，能加速覺醒。

僧團有助於消除自我中心的觀念，強化相互關聯和慈悲的實相。透過僧團，我們明白我們的覺醒與他人的覺醒並非彼此獨立——我們的修行是為了一切眾生的利益。隨著領悟的加深，我們開始認識到所有相對的現實都是僧團。一切都是教導，人人都是我們神聖社群的一部分，在這條道路上幫助著我們。

皈依佛、法、僧三寶至關重要。但同樣意義非凡的是，我們要認識到藉助一位活佛老師或上師（喇嘛）的指導，直接體驗可以得到極大的提升。

## 上師：佛、法、僧之間鮮明的橋梁

「喇嘛」（Lama）這個詞的直譯極富寓意。在藏語中，「La」這個音節指的是靈魂、本質或內在的存在，而「Ma」的意思是母親。所以「喇嘛」可以直譯為「靈魂之母」，反映了上師在靈性道路上所扮演的深刻且滋養的角色。這個詞所表達的內涵比英語中的「指導老師」（mentor）或「教師」（teacher）更為豐富。「喇嘛」這個詞象徵著一位慈悲的引導者的角色，他將學生帶入覺醒的覺性之中。

就如同母親將孩子帶到世間並養育其成長一樣，上師傳授智慧，培育了悟，並保護弟子不偏離道路，給予溫柔的關懷和堅定的指導，以確保其靈性的成熟。在大手印和大圓滿的修行中，這種「靈魂之母」般的關係是直接了悟的核心，因為正是藉助上師的加持、直指心性的指導與堅定不移的陪伴，學生才得以領悟到自己的佛性。

雖然佛陀提供了最初的榜樣，法提供道路，僧團強化這一切，但正是憑藉上師，這三寶才能在直接體驗中變得鮮明起來。

## 為何上師比佛陀更重要？

在修行的起點，佛陀似乎是終極的皈依——畢竟，他是那位洞悉訣竅的開悟者！但隨著修行的深入，藏傳佛法的教義描述了一件出乎意料的事：上師變得比歷史上的佛陀更為重要。

為什麼呢？首先：

- **佛陀遙不可及，但上師就在眼前**——給予智慧與指引。
- **佛法浩瀚且複雜，但上師能讓其變得親近易懂**——以簡單直接的方式，依據你確切的需求，用相應的教導來驅散困惑。
- **僧團提供陪伴，但上師傳授證悟**——精準直指自心本性，每當你迷路時，他就像是靈性全球定位系統幫你重新校正方向。

在藏傳佛法的最高教義中，有一種修行叫作上師瑜伽，是對上師表示虔敬的修行方法。但上師瑜伽並非是對某個人的盲目崇拜；它是一種直接的方法，能消融分離幻相，並認知到你自身本有的覺醒本性。歸根究柢，上師無處不在，透過萬物顯現，時刻提醒我們深化自己的了悟並堅守修行之道。

上師與佛、法、僧並無分別——上師是佛、法、僧三者鮮明的體現，以一個不完美的凡人形象出現——會喝茶、講冷笑話，甚至在你透過網路視訊會議與他交流時，偶爾還會忘記打開麥克風。

## 皈依是一種圓活的關係

我希望你從這一章節中領悟到的一點是，皈依並非一次性的決定——它是一種需要學習的存在方式，且會隨著時間的推移而不斷深化。起初，我們依靠佛法開啟修行之路的可能性。隨著修行的深入，我們先以佛陀作為外在的榜樣而皈依，然後，皈依於我們自身本有的佛性——這是我們與生俱來的潛力。接著，當我們繼續成熟時，我們在僧團中找到力量，與他人一同走在修行之路上；相互激勵，找到回歸本心的道路。最終，我們認識到上師是佛、法、僧三者的體現，引領我們獲得直接的了悟。

我們從皈依這些珍貴的「三寶」踏上修行之路。**隨著時間的推移，當我們的了悟逐漸成熟，我們也會成為他人可以皈依的依靠。**

# 在日常生活中踐行皈依

皈依不只是一種儀式化的行為——它是我們在日常生活中反覆回歸的事物。佛、法、僧（以及上師）是鮮明的指引者，我們在每一個當下都可以依靠他們。以下是積極踐行皈依的方法：

### 1. 轉向我們的覺醒之心

當面臨困難時，不要以恐懼或逃避的方式應對，而是問自己：

□ **在這一刻，我最覺醒的那個自己會怎麼做？我的老師或上師此刻會向我指出什麼？**

要相信，在所有的困惑下，你本就具備智慧與慈悲的能力——而且當你忘記時，你的老師會在那裡提醒你。

### 2. 與修行之路保持一致

在做決定時，思考一下：

□這個行為是引領我走向解脫，還是讓我更深地陷入執著之中呢？

佛法提供了路線圖，但老師或上師會確保你正確解讀各種跡象——通常會透過恰到好處的提問、直接的指導啟發，或（必要時）給予充滿慈悲但嚴肅的現實提醒。

---

### 3.尋求支持與聯結

與那些能鼓舞和支持你修行之路的靈性之友、老師及志同道合的修行者交往互動。如果身邊沒有現成的修行團體，那就從神聖經典的智慧、錄製的教導與感悟中尋求皈依。要是你足夠幸運，能有一位真正的老師或上師，記住：他們是你與佛、法、僧三寶的個人聯結紐帶，是概念上的理解與直接體驗之間的橋梁。不要放棄自己的力量，但也要保持足夠開放的心態，去接受上師所賦予的加持。

每一次，當我們有意識地選擇轉向這些真正的皈依源泉時，我們就在強化自身修行的基礎——讓自己立足於智慧的圓活存在之中，而非受限於世俗轉瞬即逝的紛擾。

·思·考·練·習·

## 你在何處尋求皈依？

當你回顧這一章時，請思考以下幾點：

□你曾在哪裡尋求過虛假的、無法帶來長久滿足感的皈依？

□皈依於更深層次、更具智慧且更能帶來解脫的事物，這意味著什麼？

□你要如何將皈依變成一種日常修行，而非只是一次性的決定？

下一章，我們將探討道德規範，它是秉持正直並與修行之路保持一致的自然體現。

此刻，只須記住：

**皈依是一個積極主動的過程，即發現並優先重視那些真正能帶來長久滿足感的事物。**

第 8 章

# 踐行道德生活

# 成長與踐行

上一章，我們探討了「皈依」這一主題。我們討論了這樣一個事實，即有意義且覺醒的生活不能建立在透過轉瞬即逝的事物來尋求長久的滿足感之上，例如：財富、地位或外界認可等。相反的，我們應皈依覺醒之心、真理之道，以及給予支援的社群。

找到真正的皈依是一種承諾，它會改變我們的生活方式。這種改變體現在我們自身的態度上，同樣重要的是，這種根本性的轉變也體現在我們的行為之中。道德是我們的修行從個人的領悟層面延伸到切實行動的領域。道德是我們將自身的了悟和全新的生活導向帶入世界的方式。

然而，道德可能會被誤解。道德常常被視為一套死板的規則，由外界強加規定什麼是「對」、什麼是「錯」。但就我所學到的來說，佛法的道德並非關乎順從，而是關乎**契合**。它關乎與實相和諧共處，讓我們從不必要的痛苦中解脫出來，並培養一種既能支援我們獲得解脫又能促進他人幸福的生存方式。

這就是**成長**和**踐行**方面變得至關重要的地方。

**成長**

我們都會經歷可預見的發展和成熟階段。就道德而言，這意味著要形成一種成熟的、基於發展認知的方法，這種方法要超越盲目遵循規則，發展為基於智慧的辨別力。

**踐行**

我們內心的承諾需要體現在我們的行為中。這意味著要在日常交往中帶入道德上的清晰，以確保我們的行為是覺醒的體現，而非與之相悖。

## 成長：從發展的視角看道德

正如我們對世界的理解會隨著自身的成熟而發展一樣，我們對正確行為的認知也是如此。道德並非一成不變，它會隨著我們的成長而發展。下面我將回顧道德發展的四個階段：

### 1. 傳統道德：將道德視為順從

- 基於外部的規則、戒律和文化規範。
- 側重於責任、純潔及維持秩序。
- 道德常基於恐懼，其基礎是避免懲罰或獲取獎勵。

### 2. 現代道德：將道德視為具有自主性的

- 基於理性、個人權利和個人選擇。
- 追求公平與正義，但可能會過度強調個人自由，而犧牲了相互之間的聯繫。

### 3. 後現代道德：將道德視為情境性的

- 認識到道德和倫理是由文化、歷史和權力動態所塑造的。
- 重視包容性和多種觀點，但有時會陷入相對主義的困境，使得倫理上的清晰變得困難。

### 4. 整合道德：將道德視為智慧

- 在普遍的倫理原則與適應具體情況的能力之間取得平衡。
- 超越了死板地遵循規則和道德模糊性，培養出一種基於智慧、由慈悲心驅動的道德方法。

一個發展成熟的倫理框架讓我們能夠超越「好」與「壞」的刻板分類，同時避免道德相對主義的陷阱。我們認識到，倫理上的清晰不在於遵循規則，而在於深度契合生活本身。

這就是道德中「成長」的方面：從基於規則的道德觀轉變為以一種動態的、基於智慧的方式與現實互動。

## 踐行：將道德視為覺醒的體現

一旦我們對道德有了成熟的理解，就必須將其體現在我們的行動中。道德操守並非在於壓抑欲望或順從外部準則，而是在於以一種支援覺醒狀態的方式行事，而不是加劇自己和他人的痛苦。

佛法倫理傳統上強調三個層面的行為：

### 1. 止惡之德（避免傷害）

· 克制那些會給自己和他人造成痛苦的行為。
· 包括不撒謊、不當性行為及懷有惡意。

### 2. 修善之德（積極創造福祉）

· 超越避免傷害，積極踐行慷慨、善良和耐心等美德。

### 3. 智慧之德（以洞見回應）

· 明白沒有任何倫理規則是絕對的——有時最具慈悲心的回應需要靈活性。
· 例如，慷慨是一種美德，但如果給一個有成癮問題的人錢反而會害了他。因此智慧就必須以真正對其有益的方式提供支援，比如給予食物或提供取得資源的方法。

當道德是由智慧而非規則來引導踐行時，它就成為了覺醒的自然體現，而不是一種強加的義務。

## 當代道德：<br>個人道德、內在修行與社會責任

在當今世界，一種全面整合的道德生活至少交織著三條重要的主線：個人道德、內在的心理工作及社會責任。我們在前面已經討論過個人道德。現在，就讓我們來談談內在修行和社會責任。

### 內在修行與心理圓滿

道德不只關乎我們當下的行為，還關乎我們如何積極塑造自己未來的樣子。我們潛意識中的恐懼、創傷和習性不會一直被禁錮在我們心裡，而會在我們的人際關係，以及我們參與塑造的文化中表現出來。如果不進行內在的修行，我們未經審視的創傷必然會滲透到我們所引領的社群中，影響我們所建立的體制，並使傷害的迴圈持續下去。

如果我們不進行深入的內在修行，我們的道德觀念將始終脆弱不堪，很容易被隱藏的創傷和未被滿足的需求所扭曲。

例如，一位從未處理過自己被忽視經歷的領導者，可能會在潛意識中透過權力來尋求認可，做出一些滿足自我而非集體福祉的決策。一位沒有療癒自己童年創傷的父母，可能會在不知

不覺中將同樣的恐懼、焦慮或刻板的期望施加在孩子身上。一位沒有面對其自身陰暗面的靈性導師，可能會營造出一個有害的社群，在那裡，他們未解決的權威問題會以控制、操縱或虐待的形式表現出來。

如果不加以整合，這些模式就會繼續不受約束地發展，影響下一代，並將功能失調嵌入我們所建立的體制中。療癒不只是個人的事，它還涉及代際傳承和整個體制。這就是為什麼內在修行並非可有可無，對於任何想要過有道德生活的人來說，這都是一項必須的道德義務。

## 社會責任

有道德的生活意味著積極為我們所參與的更大體制的福祉做出貢獻。當我們將內在的修行與外在的服務相結合時，我們的道德生活就會從個人道德層面擴展到集體繁榮的層面。這意味著：

- 不只是踐行善良，還要解決我們所在社群乃至整個地球上痛苦的根源。
- 不只是避免剝削，還要利用我們的資源和影響力去提升那些沒有途徑或平臺來表達自己的人。
- 不只是為自己尋求究竟證悟，還要確保每個人，無論其社會地位或經濟狀況如何，都有通往覺醒的途徑。

真正有道德的生活是積極參與的。它認識到我們內在的療癒和社會責任密不可分。這就是踐行的本質：帶著覺知生活，懷著慈悲心行動，並創造系統性變革，讓我們每個人及我們的地球都能蓬勃發展。

## 道德規範下的自由生活

許多人抵觸道德，認為它是對自由的一種限制。然而，實際上，道德關乎的是契合。不道德的行為會引發內心的混亂，而合乎道德的行為則會帶來深刻的內心平靜。

欺騙會讓人陷入自己編織的羅網中。說謊的人必須不斷地掩飾自己編造的謊言，生活在被揭穿的恐懼中。欲望會催生無盡的不滿迴圈——無論獲得了多少快樂，永遠都覺得不夠。憤怒會讓人陷入衝突的枷鎖，使他們一直處於掙扎的狀態中。

相比之下，堅守道德操守的生活能帶來一種自然而然的輕鬆感。有道德地生活在世間的人，毋須背負內疚或自我懷疑的重擔。他們信任自己，知道自己的行為與自身的價值觀相符。他們能安然入睡，沒有悔恨，也沒有未解決的衝突所帶來的包袱。他們的人際關係以開放和真誠的方式展開，沒有操縱或包藏禍心。

道德並非一種限制，而是通往解脫的道路。它為穩定、愉悅且覺醒的生活奠定了基礎。

# 在日常生活中踐行道德

踐行道德並非追求完美，而是要有意識。

以下是將道德融入日常生活的兩種切實可行的方法：

## 1. 審視我們的動機

- 每天結束時，進行問心：

□我在哪些方面是出於智慧而行動的？

□我在哪些方面是出於情緒衝動而行動的？

- 這種做法有助於培養自我覺察，並逐漸完善道德素養。

## 2. 致力於一項道德轉變

- 選擇一個道德領域，集中精力堅持一個月。
- 可以是更加留意自己的言辭，變得更加慷慨，或者以耐心而非衝動的方式做出回應。
- 不要將其視為一項規則，而是當作一個自我解脫的嘗試。

  隨著時間的推移，這種方式會將道德從一種義務轉變為力量、明晰和輕鬆的源泉。

·思·考·練·習·

## 以倫理道德作為覺醒的基礎

倫理道德與覺醒並非相互分離，它是覺醒在行動中的體現。

倫理道德是我們最深層次的證悟與生活方式之間的橋梁。倫理道德決定了我們踐行道途的方式。沒有倫理道德，靈性層面的追求可能會變成一種逃避的形式，即一種在尋求覺醒的同時逃避責任的方式。但當倫理道德的明晰性存在時，修行就會轉化為一種全面融入生活的表達。它成為一條不僅能深化個人覺醒，還能成為造福世界的力量之道。

所以，我邀請你思考以下問題：

□在哪方面你覺得自己與合乎倫理道德的生活最為契合？

□你在哪些方面存在掙扎？是什麼阻礙你以正直的態度行事？

□如果你能更加明晰地活出倫理道德，你的生活會有怎樣不同的感受？

我的老師丹過去常說：「歸根究柢，真正判斷一個人的證悟是否真實可信的唯一方法，就是看其行為舉止。」

真正證悟的人，會對周圍的人產生積極的影響。無論走到哪裡，他們都會留下善行的痕跡。

下一章，我們將探討「四無量心」，把它作為一種培養美德的方法，並展現出覺醒之心的無限品質。

目前，只須記住：

**倫理道德並非意味著限制，它關乎與事物的本真狀態保持一致。**

第9章

# 四無量心

# 一顆覺醒之心的無限品質

上一章，我們探討了倫理道德作為靈性道路的基礎要素之一所起的作用。合乎倫理的行為並不只是避免傷害，它還關乎積極主動地營造覺醒的條件。藉由讓我們的行為與智慧和慈悲一致，我們淨化惡業，積累善德，為更深刻的轉變創造所需的內心穩定。

修行之路的下一個關鍵是學習如何有意識且持續地培養善德。心，如同頭腦一樣，可以被訓練以充分發揮最大潛能。在本章中，我們將介紹四無量心，分別是：堅定不移的平等心、無條件的愛心、無邊無際的慈悲心及無量的喜悅之心。

這四種無限的品質——平等心、愛、慈悲和隨喜，教導我們如何訓練自己的心，幫助我們超越個人偏見和私利，訓練我們以開放、關懷和喜悅的態度對待所有眾生，消除那種認為某些眾生更值得被愛的錯覺。

當然，這四種美德並不是唯一值得培養的優良品質。當代有大量研究聚焦於培養積極品質所帶來的益處。芭芭拉・佛列德里克森（Barbara Fredrickson）關於積極情緒的研究指出了其他有助於人類蓬勃發展的品質。在她的研究中，還提到了感恩、敬畏、希望和靈感等品質。同樣的，馬丁·塞里格曼（Martin Seligman）和克里斯多夫·彼得森（Christopher Peterson）在他們關於「價值觀與美德分類體系（VIA）」對性格優勢的研究中，勾勒出了一個更廣泛的美德框架，有助於實現心理健康和合乎倫理的生活。這些美德包括智慧、勇氣、正義和節制。許多其他靈性和心理學傳統也強調了無數其他有助於過上有意義生活的美德。

然而，就本章的目的而言，我們聚焦於四無量心。這是幾乎所有佛法傳統中最廣泛強調的四種核心美德。它們是很好的起點，部分原因在於很難有人會對它們提出異議。有誰會不認同：培養更多的平等心、愛、慈悲和隨喜是有益的呢？

四無量心之所以如此命名，是因為其中每一種品質都是無限且不可度量的。它們沒有局限。此外，據說透過培養這些品質而受益的眾生數量也是不可計數。無論對這些品質的培養達到何種程度，它們的價值都不會減少，只會不斷深化。

正如合乎倫理的行為可以為覺醒奠定穩固的基礎一樣，四無量心培養出一顆廣闊且包容的心，這顆心開始趨近於覺醒的心智。倫理道德與四無量心共同為我們在下一章將要邁出的步伐做好了鋪墊：

**菩提心——即為了一切眾生的利益而覺醒的深切誓願。**

## 為什麼藏傳佛法傳統將平等心置於首位？

在許多佛法傳統中，四無量心的呈現順序是以無條件的愛心（巴利語：Mettā；梵語：Maitri）開始，接著是悲心（梵語：Karuṇā）、喜心（梵語：Muditā）和捨心（梵語：Upekshā）。這個順序反映出一種看似非常自然的遞嬗過程——從愛開始，然後逐漸將其擴展為一種無所不包、穩定且中正的狀態。

然而，在藏傳佛法傳統中有許多例子是從平等心而非愛心開始的。這個側重點的轉變，源於這樣一種認知：如果沒有平等心，我們的愛心、慈悲心和隨喜心仍會受到偏見和個人執著的束縛。

平等心消除了偏好和偏見，從而使其他三種無量心能夠以廣闊、無偏見的方式表現出來。當我們一開始培養平等心時，我們訓練自己將一切眾生都視為同樣值得關愛的對象——不會厚待朋友而薄待陌生人，也不會抵抗那些挑戰我們的人。這種堅定不移的開放心態隨後便成為了其他無量心的基礎。

有了平等捨：

**愛變得更加無條件**，而不光是指向那些讓我們愉悅的人。
**慈悲變得普遍且無窮無盡**，不會因個人執著或倦怠而動搖。

**隨喜變得真實誠摯**，能夠在不比較或嫉妒的情況下，為他人的幸福而喜悅。

藏傳佛法的教義將平等心置於首位，以確保我們的愛、慈悲和隨喜不受貪執和瞋恨的影響，使其真正變得無量無邊。

四無量心中的每一種都有一個遠敵（與之直接相反的狀態）和一個近敵（一種微妙的扭曲，看似與之相似，實際上卻是有害的）。認識到這些有助於我們培養真正的品質，而不是陷入欺騙性的模仿狀態中。接下來，我們將逐一探討四無量心，以及各自的近敵和遠敵。

# 四無量心

## 1. 平等心——不隨境轉與禪定的基礎

平等心是一種以平等的心態面對一切眾生和經歷的能力，不受過度的執著或厭惡的影響。它是一種廣闊、穩定的開放心態，能讓所有正念的品質毫無偏見地流露。簡單來說，平等心是一種不反應的狀態。

在很多方面，平等心是心智穩定的最終體現，是合乎倫理的行為和禪修訓練的自然結果。沒有平等心的心智會被外界環境所左右，會對快樂與痛苦、讚美與指責、成功與失敗做出衝動的反應。真正的平等心並不會讓心變得昏沉，反而會讓心更加敏銳。它讓我們能夠深切地關懷、親近生活，而不會被執著或是瞋恨所吞噬。

**平等心的遠敵和近敵**

- **遠敵：情緒反應**——被情緒淹沒，容易受環境影響而動搖，認為某些眾生比其他眾生更值得關懷。
- **近敵：冷漠或冷淡**——表面上「平靜」，但實際上情緒是抽離的，壓抑感受而不是去轉化它們。

**修習平等心**

- **反省：**「包括我自己在內，一切眾生都經歷著快樂與痛苦。無人例外。」

・**留意**：自己在哪些方面會認為某些人比其他人更「值得」愛。
・**沉思**：「正如我希望自己幸福一樣，一切眾生也都如此。」

平等心消除了偏好和偏見，帶來一種廣闊、無偏見的愛，這種愛能夠以同樣的優雅包容痛苦與美好。

## 2. 無條件的愛心——願一切眾生皆得幸福

無條件的愛，有時也被稱為慈愛，是一種積極主動地希望一切眾生都能體驗到幸福和安樂的願望。與專注於禪定和不反應的平等心不同，無條件的愛是光輝閃耀且具有擴展性的。它不取決於某人是否「值得」被愛。這不是關於喜歡或認可他人，而是關於認識到他們同樣渴望幸福，並真心希望他們能夠獲得幸福。

**無條件的愛的遠敵和近敵**

・**遠敵：仇恨**——想要傷害或排斥他人的欲望。

· **近敵：有條件的或自我中心的愛**——這種愛是具有占有欲的、帶有交易性質的，或是基於個人滿足感而非真正的關懷。

**踐行無條件的愛心**

一種簡單卻意義深遠的方法是慈愛禪修：

**1. 從自己開始：**

「願我快樂。願我平安。願我免受痛苦。」

**2. 延伸到所愛的人身上：**

「願你快樂。願你平安。願你免受痛苦。」

**3. 再延伸到一個與你關係一般的人（一個你不太熟悉的人）身上。**

**4. 接著延伸到一個讓你覺得難相處的人（一個與你有矛盾的人）身上。**

**5. 最後擴展到世間的一切眾生。**

透過這種練習，我們訓練自己的心變得柔軟、開闊，超越個人的偏好。

## 3. 慈悲心——減輕痛苦的願望

慈悲心——減輕痛苦的由衷願望——當我們敞開心扉、正視他人痛苦的現實時就會產生。這不是一種消極的悲傷情緒，而是一種積極的回應，促使我們擺脫冷漠，積極行動起來。

真正的慈悲不是把他人當作與自己毫不相干的個體地為他們感到難過，而是要真正地與受苦之人感同身受。例如，直接幫助對方，提供物質或情感上的支援，或是挺身而出反對不公。在其他時候，慈悲透過陪伴來表達——認真傾聽，給予對方空間，並提供安慰。即使我們無法親自干預，慈悲依然無邊無際，透過祈禱、美好的祝願，以及對他人福祉堅定不移的期許流露出來。從這層意義上說，慈悲心不僅是一種情感，更是道德行為的生動體現，指引著我們以巧妙且關愛的方式與世界互動。

**慈悲的遠敵和近敵**

- **遠敵：殘忍**——希望給他人施加痛苦，或漠視他人的痛苦。

- **近敵：憐憫**——一種微妙的優越感，把他人視為「不如」自己，覺得自己與他人是分離的，對他人感到「同情」，而非感同身受。

慈悲並不意味著以傷害自己的方式去承受他人的痛苦。相反的，它意味著以深刻的情感連接去面對痛苦，並以有益而非令人無法承受的方式做出回應。

## 自我慈悲

慈悲最容易被忽視的一面——尤其是在靈性社群中——就是自我慈悲。許多修行者被教導要關懷他人，卻在不知不覺或無意間忽視了自己，他們認為關懷自己是自私或放縱的表現。然而，真正的慈悲必須包含對自己的關懷，要認識到我們自己同樣也是值得被關愛的有情眾生。

如果沒有自我慈悲，我們服務他人的能力就會受到限制，常常會導致身心疲憊，心生怨恨，或出現靈性逃避的情況。透過以對待他人的那份溫柔來對待自己所承受的相對痛苦，我們能夠培養出韌性，深化自己的修行，並為我們期望在世間看到的那種平衡的慈悲樹立榜樣。

### 踐行慈悲心

培養慈悲心的一個有效方法是「施受法」（藏語：Tonglen，即「給予與接受的禪修」）：

**1. 鑽石：**想像你的心中有一顆神奇的鑽石，能夠將痛苦轉化為療癒的慈悲。

⬇

**2. 吸氣：**吸入所愛之人的痛苦。將這份痛苦帶入你心中的鑽石裡，轉化為光芒。

⬇

**3. 呼氣：**向他們送去解脫、療癒和慈悲。想像痛苦在一片無邊無際的關懷之境中消散。

⬇

**4. 擴展：**將這個練習擴展到所有處於痛苦中的眾生。

這個練習扭轉了以自我為中心的思維模式，幫助我們面對痛苦，而不恐懼、不逃避。**如果你在自我慈悲方面感到煎熬，可以試著對著鏡子為自己做這個練習。吸入自己的痛苦，然後將**

**慈悲呼出給鏡子中的自己。**

## 4、隨喜心——因他人之樂而樂

隨喜心是指為他人的幸福和成功而感到喜悅的修行。隨喜心與嫉妒和攀比恰恰相反。

- 當別人取得成功時，我們常常會感到嫉妒（**為什麼不是我呢？**）。
- 當別人幸福快樂時，我們可能會心生怨恨（**他們不配擁有這些！**）。

隨喜心讓我們從匱乏心態轉變為富足心態，幫助我們認識到喜悅並不是一種有限的資源。

**隨喜的遠敵和近敵**

- **遠敵：嫉妒**——因他人的幸福或成功而感到痛苦。
- **近敵：以自我為中心的喜悅**——為別人得到自己想要的東西而感到高興，而不是為別人得到他真正想要的東西而開心（例如，想像你收到一份禮物，這份禮物更多的是送禮者自己的興奮，而非真正符合你的心意）。

**修習隨喜心**

- 當有人取得成功時，默默肯定：「**願你的幸福延續下去。**」
- 反思：「**他人的幸福並不會減少我自己的幸福。**」
- 不僅將這份喜悅給予所愛之人，甚至對陌生人及難以相處的人也懷有隨喜之心。

隨喜心有助於化解攀比、競爭及覺得自己不夠好的恐懼。這讓我們把他人的喜悅視為自己的喜悅。

·思·考·練·習·

## 培養一顆開闊無垠的心

所以，我邀請你進行問心：

□在你的生活中，哪些方面你沒有盡情付出愛呢？
□你是否只希望自己喜歡的人幸福呢？
□如果你把愛也給予那些讓你感到難相處的人，你的生活會發生怎樣的變化呢？

## 生發菩提心

這四無量心是邁向下一步——菩提心的基礎。一旦我們訓練自己的心變得廣闊而開放，我們就能立下誓言，不僅為自己覺醒，也為一切眾生覺醒。

目前，只須記住：

**一顆解脫的心是廣闊無垠、包容一切且無限開放的，它散發無條件的愛、慈悲、喜悅，並且對一切眾生一視同仁。**

第 10 章

# 菩提心

# 為利益一切眾生而覺醒

上一章，我們探討了四無量心——平等心、無條件的愛心、慈悲心和隨喜心。這些無量的品質拓展了我們的內心，化解了分離的錯覺，使我們能夠以開放和關愛的態度與一切眾生相處。

但四無量心並非修行之路的終點。四無量心是實現更大轉變的基石——這種內心的根本轉變被稱為菩提心。

菩提心是一種深切的願望，不僅為了我們自身的利益而覺醒，更是為了一切眾生的解脫和利益。

菩提心是推動菩薩誓願的力量。菩薩誓願是為了一切有情眾生的利益而圓滿成佛的承諾。這個誓願是由那些將自己的生命奉獻給智慧、慈悲和覺醒的人所發起的。

沒有菩提心，智慧就會顯得冷漠——它或許能揭示深刻的真理，但卻缺乏溫暖、回應和真切的愛。有了菩提心，智慧才充滿生機，在每一個利益一切眾生的行動、言語和思想中以慈悲的形式散發出來。

這就是菩薩理想的獨特之處。與其他專注於個人圓滿成佛的修行道路不同，菩薩並不只是試圖逃避痛苦。相反的，他們從痛苦中獲得解脫，同時，仍然積極地參與世間事務，將自己的覺醒智慧用在他人的福祉上。

## 三菩提心

菩提心，即覺醒的心智，既有相對層面，也有究竟層面。相對層面又可進一步分為願菩提心和行菩提心兩個方面。這三個層面共同構成了菩提心完整的表現形式。

### 相對菩提心

- **願菩提心**——解救一切眾生的誓願——衷心希望一切眾生都能擺脫痛苦並證得覺醒。這是一種深切的願望，即便在自己尚未完全具備付諸行動的能力之前，也要為了他人的利益培養平等心、愛心、慈悲心和隨喜心。
- **行菩提心**——付諸行動的慈悲——積極且切實地致力於服務他人、使他人受益。這包括修習下一章將要討論的六度波羅蜜。

### 勝義菩提心

基於對覺醒的證悟而生活——直接且切實地領悟到輪迴和涅槃並無二致，並且覺醒已然存在。這表現為自發的、不造作的慈悲與智慧，引導眾生，卻不執著於結果或概念上的刻意追求。這種勝義菩提心的一個特點是，在認識到儘管實際上並不存在「他人」，但用以減輕痛苦的慈悲卻是無盡的。

菩提心既需要發願（衷心的願望），也需要踐行（切實的表現）。願菩提心、行菩提心與勝義菩提心共同構成了完整的菩薩道，使慈悲的行動與深邃的智慧達到平衡。

相對菩提心與勝義菩提心同時存在的事實，是菩薩境界的一大悖論。菩薩致力於奉獻個人生命以幫助眾生脫離苦海，然而他們也明白，從究竟意義上來說，眾生之間並無本質的區隔。正如我的老師肯·威爾伯在談及菩薩誓願時常說的那樣：「本無他人，因此我誓願渡盡一切眾生。」

## 菩提心在修行中的自然發展歷程

菩提心並非一蹴而就，它是透過內心的逐步拓展而顯現的。在菩提心的發展與修行過程中，有幾個關鍵階段：

### 1. 認識到一切眾生皆追求幸福

起初，我們覺得自己的痛苦是獨有的，但藉助禪修與問心，我們開始明白，一切眾生無一例外都渴望獲得幸福並且能避開痛苦。被愛、獲得安全，以及擺脫痛苦的願望是普世存在的——超越了物種、文化和生生世世。即便那些帶來傷害的人，也是出於對幸福的盲目追求而行動的，儘管他們是以有害的方式去尋找幸福。但每一個眾生，無論其外在表現如何，都和我們一樣——在追尋著平靜、安全與滿足感。

當這種認知從一個理念轉變為直接的體驗時，某些東西就發生了變化。我們的心自然而然的敞開，不再把他人視為障礙或威脅，而是看作修道上的同行者。

## 2. 菩薩願心的生起

在某個時刻，一些深刻的轉變發生了。我們不再只為了自身的平靜與自由而追求覺醒，也不再將圓滿成佛的祝願局限於那些與我們親近的人。相反的，我們開始明白，自己的解脫與一切眾生的解脫密不可分。基於這一認知，一個深切的願望油然而生：**願我覺醒，不僅是為了自己，更是為了服務和提升一切眾生**。這便是**菩提心的誕生**。

這並非一個抽象的願望，而是對菩薩道的一種承諾，是一生都致力於為他人的利益而覺醒的奉獻。對有些人來說，這種願心可能在某個特定的事件打開他們的心扉之後產生。對另一些人而言，這種願心是透過修行逐步生起的。還有一些人，直到他們初次嘗到覺醒的滋味後，菩提心才以一種完整且真實的方式生發。一旦一個人知道真正的解脫是可能的，最自然的表達之一就是希望他人也能擁有同樣的自由。

## 3. 拓展菩提心範圍的修行方法

在上一章關於慈愛修習方法的描述中，有一種是透過逐漸擴展關愛來拓展我們的內心——從我們親近的人，到那些與我們關係普通的人，最後到那些讓我們覺得難以相處的人。我們可以用同樣的方法來培養菩提心。這裡的關鍵區別在於，我們現在的願心已不只是單純的希望他人安好。

現在，懷著一顆充滿菩提心的心，我們專注於覺醒。我們希望所有人都能實現究竟的圓滿成佛。

**從所愛之人開始**

真誠地希望那些與你最親近的人能夠實現究竟的圓滿成佛。

**擴展到關係一般的人**

將同樣的願心擴展到那些你通常會忽視或漠不關心的人身上。

**納入難以相處的人**

即使是那些曾經傷害過或挑戰過你的人，也向他們敞開心扉，希望他們能夠覺醒。

**平等地對待所有眾生**

逐漸消除界限，以同樣堅定不移的願心去擁抱一切有情眾生，希望他們都能實現究竟的圓滿成佛。

這並不意味著我們要強迫自己立刻對每個人都懷有愛心。這是對內心的一種逐步訓練，依靠修行以及我們不斷深化的領悟來支撐。

## 菩提心是智慧的自然體現

在最高層面上，菩提心與智慧並非相互分離。從空性（shunyata）的角度來看，一切眾生本就相互關聯且自由自在——但他們並未意識到這一點。一位菩薩能同時看到眾生的痛苦及他們的真實本性。

這就是為什麼菩提心並不是要去改變他人，而是幫助他們認識到自己內心本就存在的自由。

這就是相對菩提心與勝義菩提心的融合：

**相對菩提心：**促使我們行動起來，去服務他人，提升他人。
**勝義菩提心：**提醒我們，覺醒已經存在於我們自身及一切眾生心中，它只須要被揭曉。

真正的菩薩喜悅地行走在這條道路上，沒有沉重感或自我犧牲。菩薩並不是去拯救他人，而是幫助他人看到一直以來存在於自身的東西。

·思·考·練·習·

## 在日常生活中培養菩提心

菩提心並非只是我們所嚮往的東西，它是我們在日常生活的短暫時刻中時時培養的。

所以，我邀請你思考：

□在你的生活中，你真心希望誰能究竟圓滿成佛？又有誰是你難以將其納入這份願心之中的呢？

□如果你認為自己的圓滿成佛與他人的圓滿成佛並無分別，你的生活會發生怎樣的變化呢？

□今天你可以採取哪些小小的行動來提升他人，並在覺醒之路上激勵他們呢？

下一章，我們將探討六度波羅蜜——將菩提心付諸行動的六種修行方法，把菩薩的願心轉化為生活中的實踐。

目前，只須記住：

**菩提心是智慧與愛之間的橋梁，它是為了一切眾生的利益而覺醒的心。**

第 11 章

# 六度波羅蜜

# 踐行智慧與慈悲

上一章，我們探討了菩提心——那不單是為了我們自身的解脫，更是為了一切眾生的利益與覺醒而產生的深切覺醒願望。但菩提心並不只是一種心理或情感狀態，而是必須透過實際行動來體現的。

前面兩章已介紹過從發心到踐行的轉變過程。與四無量心相關的修行實踐向我們展示了如何將無垠之心的願菩提心融入生活體驗。上一章所描述的修行實踐，則擴展了菩提心的範圍，將覺醒的願望轉化至我們與他人的直接關係中。

本章將更深入闡述，菩薩如何踐行六度波羅蜜所提供的結構化框架將覺醒帶入世間，這就是行菩提心。六度波羅蜜是一顆開放、覺醒之心的真實呈現。

## 六度波羅蜜

六度波羅蜜（Paramitas）構成了菩薩道的核心，它們和智慧與慈悲的持續展開，緊密交織在一起。六度波羅蜜分別是：

1、**布施（Dana）**——實踐不執著的給予。
2、**持戒（Shila）**——依循智慧、不傷害他人而生活。
3、**忍辱（Kshanti）**——以沉穩和慈悲面對困難。
4、**精進（Virya）**——在修行之路上滿懷熱情地堅持。
5、**禪定（Dhyana）**——培養清明、寧靜和專注的注意力。
6、**智慧（Prajna）**——看透虛幻，領悟實相的本質。

每一度波羅蜜都自然地從前一度發展而來，形成了一條完整且循序漸進的覺醒之路。

### 布施

自然地源自隨喜心和菩提心。當我們為他人的幸福而喜悅時，無私的給予便會自然地流露出來。同樣的，當我們培養菩提心——真誠地希望一切眾生都能獲益——布施就成為了覺醒發心的本能表達。

### 持戒

建立在布施的基礎之上。當我們給予他人時，我們開始培養一種自然的公平感、正直感和體貼感。這種道德基礎支撐並深化著我們利益他人和積累善業的能力，為建立一種值得信賴且有益身心的生活創造了條件。

## 忍辱

用於保護藉助依循道德生活所積累的善業和正能量。憤怒和衝動反應會迅速消耗我們有的正能量，而忍辱能穩固和保存正能量，讓我們得以在充滿挑戰的環境中，以清晰和關愛的態度做出回應。

## 精進

根植於忍辱。有了沉穩平靜的心態，自然而然就能堅定不移。我們不再是勉強或費力地前行，而是讓自己的能量變得穩定且有韌性，使我們能夠全身心地投入修行之路，而不會疲憊不堪。

## 禪定

由精進所支撐。當能量變得穩定且專注時，深度的禪修便成為可能。沒有了精進的助力，心就容易走神；有了精進，專注力會不斷加深，帶來平靜與清晰。

## 智慧

產生於禪定的寧靜與清明之中。當我們的心不再躁動不安或被雜念干擾時，我們就能直接探究實相的本質。洞察空性及體驗真實不二的本質，並揭示出覺醒精要。

透過修習六度波羅蜜，我們能發展出一條完整且平衡的覺醒之路——將慈悲、道德行為、禪修定力和深刻洞見相互協調。

# 六度波羅蜜的三個層次及近敵與遠敵

每一度波羅蜜都可以從三個層次來理解：

**1. 世俗層次**

布施、忍辱、道德行為等的一般表現形式。

**2. 較深層次**

以不斷增長的智慧和不執著的態度來修習這些品質。

**3. 最高層次**

從空性和不二的視角來看待每一項修行，此時表達波羅蜜的主體、客體及行為這三方面都融入自然、無私的行為中。

除了這三個理解層次之外，如同所有的美德一樣，六度波羅蜜中的每一度都有近敵（看似相近最終卻偏離本質的品質）及遠敵（與近敵直接相反的品質）。認識到這些區別能完善我們的修行，使波羅蜜從世俗的善念發展成完全覺醒的行為。

我們將在下面探討這些近敵和遠敵，以及三個層次的表現。

## 1、布施：不執著的給予

在世俗層次上，布施意味著向他人提供資源、時間或善意。在較深層次上，它源自菩提心——那顆覺醒的心，尋求毫無自我參照地自由給予。在最高層次上，布施不再是「我」給予「你」，它變成了一種自然流露、融入不二覺性的行為。

正如《金剛經》所教導的：

**「菩薩於法，應無所住，行於布施。所謂不住色布施，不住聲香味觸法布施。」**

這就是不二的布施——給予的最高形式，擺脫了執著，如同空間自然融入空間般地自然流淌。

**布施的近敵和遠敵**

- **遠敵**：貪婪、吝嗇、自私。
- **近敵**：有條件的給予——帶著期望回報、認可或控制的心態去給予。

## 增強布施的修行方法

### 每日布施行為

每天選擇一個微小但有意為之的布施行為——無論是付出你的時間、一句友善的話語，還是一份物質上的禮物。在行動之前，停下來問心：

**□願這份給予能讓他人受益，且不抱任何期望或執著。**

隨著時間的推移，這種修行能減輕執著之心，打開心扉，並將日常的瞬間轉化為無私給予的展現。

## 2、持戒：正向行為與美德之路

在世俗層面，持戒意味著遵循倫理準則，避免傷害他人，並培養美德。在較深層面，道德源自對我們相互依存關係的深刻理解，而非對規則的刻板認知。在最高層面中，持戒是指行為自然而然地與實相本身一致。在這個層面中，自我、他人和行為都融於一體，成為的覺醒行為的展現。

**持戒的近敵和遠敵**

- **遠敵**：不道德、欺騙、操控、傷害他人。
- **近敵**：僵化的道德觀——基於自以為是的道德行為，以評判或對規則的僵化執著為基礎，而非基於智慧。

## 增強持戒的修行方法

**對言語和行為的正念回顧**

每天結束時，花一些安靜的時刻問心：

☐我的行為是否基於善良、誠實和尊重？
☐我是否造成了傷害或說話不得體？

不帶評判或自我批評，溫和地再次承諾以更符合道德的方式生活。這種每日回顧能增強正直感，並支持培養一種以道德為指引的生活。

## 3、忍辱：保護內心的善業與定力

在世俗層面，忍辱就像一面盾牌，保護我們免受可能會消耗我們善業和福報的憤怒衝動所影響。在較深層面，忍辱成為一種積極的修行，即使外界混亂，也能保持內心的穩定和禪修時的專注狀態。在最高層面，忍辱是認識到沒有一個獨立的自我會受到傷害，也沒有獨立的實體在造成傷害。我們周圍環境中出現的所有事件都是老師，引導我們走向更深層次的慈悲與領悟。正如某部經文所說：「**如果我們可以完全看透任何一種情況，唯一恰當的回應就是慈悲。**」

寂天菩薩在其經典著作《入菩薩行論》中說：

**「若事尚可為，云何不歡喜？若已不濟事，憂惱有何益？」**

除了寂天菩薩的實用建議之外，我們還可以運用空性的視角。透過空性，我們探究：**誰在生氣？誰受到了傷害？這個需要捍衛的「我」在哪裡？**

藉由仔細審視任何特定情境中自我和現象的本質，憤怒會消散，展現出一種廣闊、慈悲的狀態。

**忍辱的近敵和遠敵**

- **遠敵**：憤怒、不耐煩、沮喪。
- **近敵**：自洽——一種被動的心態，容忍不公正或傷害，而不是以智慧去應對。

## 增強忍辱的修行方法

**3次呼吸停頓**

當惱怒或不適情緒出現時，在做出反應之前，試著停頓下來，完整地做3次深呼吸。感受身體的感覺，觀察想要說話或行動的衝動。在這短暫的停頓空間裡，選擇沉穩而非衝動反應。透過一次次地回歸到忍辱狀態，即使身處充滿挑戰的情境中，你也能培養出保持心胸開闊的能力。

## 4、精進：支撐修行之路的能量

在世俗層面，精進意味著努力進行靈性修行。在更深層次，它轉化為修行之路本身的喜悅，一種對覺醒的自然熱忱。在最高層面，精進超越了「努力」，融入無窮無盡、毫不費力的行動中。

透過空性，我們明白沒有修行者，沒有精進，也沒有目標，有的只是覺性的自然呈現。正是如此，隨著修行的深入，精進自然解脫為一種自發的臨在狀態。

**精進的近敵和遠敵**

- **遠敵**：拖延和冷漠。
- **近敵**：過度勞累、自我懲罰、完美主義、過於嚴肅——以一種導致身心疲憊的方式逼迫自己，而不是可持續的、充滿熱情的堅韌方式。

## 增強精進的修行方法

**帶著靈感設定每日意圖**

每天早晨，重新與你內心最深的目標連接。默默的對自己說：願我利用這一天去利益他人，並在修行之路上成長。讓這個意圖振奮你的心靈，為你的行動注入能量。精進源自於記住真正重要的事，並滿懷熱情地朝它前進。

# 5、禪定：深化專注力與清晰度

在世俗層面，禪定關乎專注和讓內心平靜下來。在更深層次上，禪定成為通往洞見的基礎。到了最高層面，禪定則能在任何時間、任何情境中穩固了悟覺性的境界。在這最高層面代表著專注與洞見的融合。

**禪定的近敵和遠敵**

- **遠敵**：分心、昏沉、不安。
- **近敵**：耽於穩定、逃避——利用禪定來逃避生活，而不是作為獲得洞見的方法。

## 增強專注力的修行方法

**單一對象禪修**

空出10到15分鐘，將你的注意力集中在單一對象上——你的呼吸、你的身體、一句咒語或一個視覺圖像。當頭腦游移時，回到專注的對象上。這種穩定的回歸能增強注意力，並平息內心的不安，讓更深層次的寧靜和專注力得以顯現。（下一章將詳細討論專注力）

## 6、智慧：修行之路的頂點

在世俗層面，智慧意味著了解實相的本質。在更深層次，它涉及對空性的直接洞察。在最高層面，智慧甚至超越了「修行之路」或「成就」的概念，與直接認知自己圓滿成佛覺性的真實本質相關。

**智慧的近敵和遠敵**

- **遠敵**：無知、困惑、妄想。
- **近敵**：假智慧、概念化——對空性的一種智性理解，卻沒有直接證悟。

## 增強智慧的修行方法

**對空性的觀照探究**

在經過一段時間的禪定讓內心平靜下來之後，溫和地探究你自身體驗的本質。問問自己：

☐那個堅實的「自我」在哪裡？

☐我能在身體或思緒的任何地方找到這個「自我」嗎？

☐這個想法或情緒的真實本質是什麼？

☐它有任何實質、形狀或顏色嗎？

讓對無常、相互依存和空性的洞見自然浮現。隨著時間的推移，這種修行會揭示出實相更深層次的真理及覺知的本質。（第13章將詳細討論智慧及這類內觀禪修）

·思·考·練·習·

## 將六度波羅蜜融入日常生活

利用上述六度波羅蜜的架構來形成你自己的理解，並指導你的修行。當你將它們融入日常生活時，留意每一度波羅蜜是如何建立在其他度的基礎上，共同交織成一條完整而且平衡的覺醒之路。

尤其要留意每一度波羅蜜的近敵——那些偽裝成真正美德的細微扭曲。有條件的給予可能看起來像是布施，卻隱藏著期待。僵化的道德觀可能感覺像是持戒，卻掩蓋著評判。自滿可能被當作忍辱，但它缺乏回應能力。過度勞累看似精進，卻會導致身心疲憊。遁入安寧看似是禪定，但可能是在逃避生活。思辨洞見看似是智慧，但沒有親身體驗就不是真正的智慧。

修行者即使懷著真誠的意圖，也可能多年都「不得要領」。透過留意這些細微的陷阱，你能提升自己的辨別力，讓每一度波羅蜜以越來越真實、深刻和自由的方式展現出來。

以下是一些供你思考的問題：

- □在你自己的生活中，你需要對哪些近敵有更多的覺察？
- □你對空性和非二元性的理解如何改變你對布施、持戒和忍辱的修行？
- □在六度波羅蜜中，你在哪些方面體驗到阻力或不平衡？
- □如果沒有一種「自我」在「做」這些的感覺，修行六度波羅蜜意味著什麼？

下一章，我們將詳細探討禪定，即第五度波羅蜜。

目前，只須記住：

**六度波羅蜜提供了一條結構化的道路幫助菩薩將其覺醒帶入世間。**

第 12 章

# 專注禪修

# 馴服心念

上一章，我們探討了六度波羅蜜，即六種將菩提心轉化為實際行動的品質。每一度波羅蜜都能淨化心靈，消除自我中心意識，並增強我們踐行菩薩道的能力。

在六度波羅蜜中，第五度——禪定，是實現更深層次證悟的關鍵因素。布施、持戒、忍辱和精進為轉變奠定了基礎，但是如果缺乏集中注意力和穩定內心的能力，智慧就只能停留在表面了。

因此在修行的這個階段，開展禪修練習就變得至關重要。

## 禪修的兩種核心類型

佛法禪修包括兩個主要層面，它們共同構成了一條完整的轉變之路：

### 1. 專注禪修（奢摩他，śamatha）

・透過訓練頭腦專注於單一對象（如呼吸、身體、咒語或意象）來培養內心寧靜的修行方式。

- 這種禪修能夠培養匯聚於一的注意力、清晰度和寧靜感，為獲得洞見奠定基礎。
- 這是第五度波羅蜜的重點。

### 2. 內觀禪修（毗婆舍那，vipaśyanā）

- 探究體驗本質的修行方式，看穿有關恆常、自我和實相的虛幻表象。
- 內觀揭示所有的體驗都是生起又消逝的，從而讓人直接認識到無常、空性和相互依存性。
- 這是對智慧的培養，也是第六度波羅蜜的重點。

這兩種禪修都是必要的。沒有專注，內觀就不穩定；沒有內觀，專注也無法導向真正的自由。二者相輔相成，帶來深刻而穩定的轉變，最終讓人認識到覺醒的覺性。

本章我們將重點關注在專注禪修，下一章再來討論內觀禪修和智慧。

## 未經訓練的心存在的問題

想像一下，試圖在池塘中看到月亮的倒影。如果水是動盪且渾濁的，倒影就會扭曲變形。但如果水變得平靜而清澈，月亮就能清晰、準確地完美倒映出來。我們的心也是如此運作的。

當我們陷入分心、貪念、焦慮和衝動反應時，就無法清晰地看待事物。但當心安定、穩定且具有覺察力時，我們就能開始如實感知實相。

佛陀說，未經訓練的心就像一頭狂野的大象，在村莊裡橫衝直撞。它具有破壞性，躁動不安且難以控制。如果不付諸修行，我們的心靈就會被習慣、衝動和情緒反應所左右，從而導致不必要的痛苦。

專注禪修就是馴服心這頭狂野大象的方法。透過專注，心這頭狂野的大象得以平靜下來。藉助專注禪修練習，我們學會引導心走向穩定、專注和清晰。

## 馴服狂野大象

專注禪修（奢摩他）是訓練心的藝術。我們要學會將習慣性的散亂和分心狀態轉變為穩定和清晰。

然而，訓練心並非那麼容易。一開始，心會抗拒寧靜，被各種念頭、身體不適和外部刺激所干擾。就像一頭未被馴服的大象會奮力掙脫束縛一樣，當我們試圖讓心專注於單一對象時，它也會掙扎。它會在回憶、擔憂或幻想中尋求逃避和分心。這很正常。關鍵在於堅持不懈，並採用清晰的方法，一步步引導心達到更深層次的專注。

為了理解訓練心的過程，我們來了解一下無著菩薩的「九住心」。無著菩薩的九住心理論起源於西元506年，這是一條經過

時間檢驗的路線圖，可用於提升我們保持專注的能力。

# 九住心：馴象之道

訓練心的過程傳統上多以「馴象圖」唐卡（見145頁圖）來說明。這幅唐卡是一幅古老的藏傳佛法繪畫，描繪了一位禪修者和一頭大象沿著一條蜿蜒的道路前行。有九頭大象沿著道路縱向排列。每頭大象都代表著心本身，象徵著專注的一個新階段。大象最初是狂野且暗黑的，象徵著分心和昏沉。

在修行之路的起點（圖的右下角），禪修者手持兩件工具，即**正念之繩**和**覺察之鉤**。正念之繩代表著我們將心繫於專注對象的能力。覺察之鉤代表著我們監測自身體驗並察覺分心的能力。

隨著訓練的推進，大象變得越來越平靜，最終變成白色，象徵著淨化後的覺知。猴子，代表分心，最終消失了，而禪修者能夠熟練駕馭大象——自信且輕鬆地前行，不再需要繩子或是鉤子。

九住心的每一個階段都描述了心發展的一個獨特層面，從完全的躁動不安到堅定不移的穩定狀態。理解這一路線圖能讓我們以耐心和精準的態度進行自己的禪修練習。

第1階段

## 內住：散亂的注意力

### 馴服大象的開始——心如同湍急洶湧的瀑布

修行從調整合適的身體姿勢並選擇一個單一的專注對象開始。專注對象可以是呼吸、身體的覺受、一句咒語或一種視覺觀想。

在禪修的這個初始階段，心處於完全不安定的狀態，混亂地從一個念頭跳到另一個念頭，就像一頭狂野的大象，它不受控制，很容易被感官體驗和心理上的干擾所吸引。作為回應，禪修者配備了兩件重要的工具：正念之繩和覺察之鉤。正念之繩象徵著我們將心繫於所選禪修對象的能力，而覺察之鉤則代表著內在的能力，能夠監測我們的體驗並察覺心何時已經飄移。

這個階段的核心任務是，每當心游移時，不斷地將正念之繩重新繫到專注對象上。在整個禪修過程中，這個過程必須反覆進行。在這個早期階段，**分心的時間通常遠比保持專注的時間多**。這個階段是訓練中最困難的部分。它需要一種強行的投入——學會就是安坐著不動，並開始培養最基本的專注力。

第2階段

# 續住：培養持續的注意力

## 延長專注的持續時間

在第2階段，禪修者開始運用第三件工具：**好奇之火**。

除了正念之繩和覺察之鉤外，好奇為修行增添了趣味。隨著對禪修對象的興趣增加，注意力保持專注的時間自然更長。

分心仍然會出現，但注意力變得更加穩定，也不那麼容易被轉移了。禪修者開始養成注意力持續保持在禪修對象上的能力。在這個階段，專注的時間開始超過分心的時間。

這個階段的關鍵是有意地增加你對禪修對象的好奇心和興趣。這被稱為**收緊正念之繩**。在這個階段，你要學會比起干擾要對禪修對象更感興趣。當心游移時，回到禪修對象上，並再稍微收緊繩子，提高與對象的親近感。

第3階段

# 安住：迅速識別分心並重新引導覺知

## 磨覺察之鉤
## ——讓大象重回正軌

在第3階段，分心仍然會發生，但禪修者現在能夠更快意識到，注意力不會再長時間被帶走，而且幾乎能立即回到禪修對象上。

這種日益增強的敏感度標誌著一個關鍵的轉捩點：能夠在心游移之前就注意到它。

此時的任務不再只是回到禪修對象上，而是要在分心的最早階段就捕捉到它——留意到注意力開始飄移的那個瞬間。有了這把磨得更鋒利的覺察之鉤，穩定性得以提升，注意力的連續性也得到了加強。

關鍵的修行是繼續深化對禪修對象的好奇心和興趣。讓這種投入更自然地錨定注意力。同時，強化立即回到禪修對象的習慣——不要沉迷於干擾因素或分析它。每一次快速的回歸都強化了當下覺知的模式。

第4階段

# 近住：加強警覺並平衡能量

## 心猶如川流不息的河流

在第4階段，專注力有了顯著提升，但一個新的挑戰出現了：平衡心的能量。一些禪修者開始用力過猛，強烈地專注於禪修對象，變得焦躁不安。而另一些人則過於放鬆，陷入昏沉或萎靡的狀態。這兩種極端都會干擾穩定的注意力。

這個階段，禪修成了一種需要精微技巧的修行，需要敏感度和精確度。這就如同諧調弦樂器——內心既不能太緊，也不能太鬆。找到恰當的平衡，注意力才能清晰且穩定地安住。

這裡的關鍵是找到一種平靜而警覺的狀態，既不焦躁，也不昏沉。運用老師所傳授的特定方法來平衡你內在的能量。

在這個階段，你可能會注意到，不僅能持續地專注，甚至偶爾還能瞥見全然專注的狀態，例如，即使你比較能穩定的專注，但專注的強度仍可分為「部分專注」與「全然專注」。所謂部分專注，是指注意力雖然在時間上相對來說持續地集中，但在某個當下仍會分心。也就是說，雖然一部分注意力在禪修對象上，另一部分則分散在內在的「禪修教練」或其他念頭上。而全然專注則指，注意力在時間上相對持續地集中於禪修對象，並且在每個當下都全然投入其中。全然專注是完全沒有分心的，此時連內在的禪修指導聲音也靜止下來了。

## 第5階段
# 調伏：認識到禪修的益處並提升感知力

## 藉助增強好奇心，禪修者開啟更細微的感知層面

在第5階段，心開始在穩定專注狀態中找到歸屬感。禪修不再是一件需要費力堅持的事，相反的，禪修者會自然地享受專注帶來的禪定狀態。注意力更容易安定下來，內心的狀態感覺平靜、開闊且清明。

隨著好奇心的增強，細微的感知開始浮現。禪修對象的細微之處變得更加鮮明生動。曾經看似堅實的對象，現在感覺更加不穩定且虛幻。這種細微的感知揭示出之前因注意力分散而被遮蔽的多層體驗。這個階段的關鍵修行是對禪修對象培養出更深的興趣和好奇心。隨著好奇心的加深，禪修對象開始顯露出其無常和虛幻的本質。

第6階段

## 寂靜：放鬆正念之繩並瞥見不費力的狀態

### 大象平靜地行走——禪修變得輕鬆

在第6階段，刻意的努力開始消散。不再需要刻意的保持注意力，專注開始變得輕盈、自然且毫不費力。心會自然地安住在禪修對象上，毫無壓力。一種微妙的喜悅開始浮現——這種喜悅來自於安住當下。在這個階段，一些禪修者可能開始瞥見深度安適的狀態，此時，禪修似乎自行開展。這標誌著一個悄然的轉捩點：專注不再像是你刻意為之的事，而更像是你所允許發生的事。這裡的關鍵在於適度放鬆正念的韁繩，讓注意力得以安歇，同時又不失去連貫的線索。讓禪修開始自行維持下去。

第7階段

## 最極寂靜：放下對三摩地的執著

## 以穩健的方式超越努力

在第7階段，不費力的狀態變得穩定。在這個階段，專注自然地展開，毋須用力，注意力平穩而均勻。對心的自然穩定性的信任與日俱增。

現在，禪修者不再管理或糾正禪修過程，而是安住於一種寧靜的自信之中——任由這個過程自行展開。覺知持續存在，毋須刻意維繫。

這裡的關鍵是進一步放鬆韁繩，以發現穩定且始終如一的不費力狀態。大象完全平靜下來了。

第8階段

# 專注一趣：毫不動搖的專注

## 大象如今毫無抵抗地跟隨

在第8階段，注意力是如此穩定，以至於只須最輕微的禪修意象就已足夠——心會即刻跟隨。雜念不再以入侵的形式出現；即便它們出現了，也會在生發之時消散，留下不受干擾的覺知。

在這個階段，禪修者會進行非常精細的鬆緊調節。

關鍵的修行在於完全安住於禪修對象，同時學習進行精微的調整。稍稍收緊或放鬆，能讓禪修對象達到最佳的清晰生動狀態和專注一趣的清明。

第9階段

## 等持：圓滿的專注

### 大象已被徹底馴服——心如同一片廣闊寧靜的海洋

在第9階段，雜念已完全平息。無論處於何種情境，心都能毫不費力的保持穩定。專注不再局限於正式的禪修中——無論是坐著、走路、吃飯，還是說話，都能保持同樣堅定不移的覺照。專注力已完全融入日常生活，覺知始終明亮、集中且不受干擾。

這種程度的訓練標誌著專注禪修的頂點，同時也為更深入的內觀修行奠定了理想基礎，包括大手印和大圓滿等進階修行路徑，在這些修行中，心的穩定對於體認覺性的本質至關重要。

在這最後階段的關鍵修行就是鎖定圓滿的專注狀態。由於專注是一種可遷移的技能，修行者有能力帶著在禪修墊上養成的那種穩定且高度專注的狀態，自如地在世間活動。

## 馴服心的成果

隨著禪修的深入，心這頭狂野的大象從敵人變成了盟友。我們不再被雜念和衝動牽引，而是學會了以清晰、專注和自在的狀態生活。曾經混亂的心如今為智慧之道所用。因此，傳統認為在專注禪修的後期階段，心已完全「堪用」。

專注禪修是一段需要全身心投入的旅程，但每前進一步，心念都會變得更加穩定和平靜。

·思·考·練·習·

### 你在專注禪修路上處於哪個階段？

試著問心：

□哪個階段最能描述你目前的專注禪修狀態？

□你在哪方面最為掙扎——雜念、昏沉，還是用力過度？

□完全輕鬆自在地禪修會是怎樣的感覺？

下一章，我們將探討深度專注如何導向解脫的智慧。

目前，只須記住：

**一顆訓練有素的心是養成洞見自身真實本質的基礎。**

第 13 章

# 內觀禪修

# 看透相對體驗，認知真實本質

上一章，我們探討了專注禪修，它是訓練內在穩定性和專注力的方式。但禪修不只是讓內心平靜下來，它還關乎清晰地洞察實相，不被蒙蔽。

當心安定下來時，我們便有機會直接審視心的本質，並認出那些塑造我們體驗的習慣性扭曲認知。支持這一過程的修行就是內觀禪修。

**內觀禪修（Vipaśyanā）**

藏語中稱為「lak-tong」，意為「清晰的洞見」，是一種看穿層層遮蔽的修行方式，這些遮蔽物阻礙了我們對實相的直接體驗。內觀禪修能識破虛幻，展現心性本具的清明與空性。藉由穿透習性感知的面紗，這項修習揭示了覺性的真實本質——在覺性廣闊、光明、開放的本質中，一切現象生起又消散。這就是智慧，第六度波羅蜜。

# 佛法的三轉法輪

為了幫助我們看透這些障礙，佛陀分三個重要階段宣講佛法，這被稱為三轉法輪。每一轉都揭示了更深一層次的洞見或真理：

**初轉法輪：**

三法印——揭示了所有因緣和合而生的體驗所具有的無常、苦（不圓滿）和無我的本質。

**二轉法輪：**

空性與相互依存——修行者看透了那些俱生、獨立存在實體的虛幻性（空性，梵文 śūnyatā），並領悟到萬物相互依存的本質。這自然會喚起內心的慈悲。

**三轉法輪：**

佛性——禪修者認識到覺性早已存在於我們自身之中。我們的真實本質，以及一切眾生的真實本質是恆常覺醒且自由的。

佛法對這三個階段各自提供了一個新層次的洞見。後續將更詳細地探討每個階段。

## 初轉法輪：三法印

初轉法輪發生在佛陀於鹿野苑首次傳法之時。在此，他闡述了因緣和合而生的存在的基本架構，解釋了痛苦為何會產生，以及我們如何能夠超越痛苦。

**這一教義的基礎是三法印：**

1. **無常（梵文 anitya）**：一切都在不斷變化。
2. **苦（梵文 duḥkha）**：因為我們執著於無常的事物，所以會體驗到不滿。
3. **無我（梵文 anātman）**：不存在堅實、固定的自我，只有體驗的動態展開。

讓我們逐一來看這三法印。

## 1. 無常——沒有什麼是一成不變的

一切都在變化，我們的身體、情感、人際關係，甚至思想都處於持續的變化狀態中。所有現象都在不斷地生起和消散。當我們抗拒這一真相，執著於轉瞬即逝的事物，並試圖抓住那些本質上就是短暫易逝的東西時，痛苦就產生了。然而，正如我們在第4章中探討的那樣，毋須恐懼無常，而且它恰好能帶來成長、轉變和覺醒的條件。沒有變化，就沒有解脫的可能性；正是透過接納無常，我們才找到了通往真正自由的大門。

## 2. 苦——因緣和合存在的不可靠性

「苦」(dukkha）不只是痛苦，更是因緣和合而生的存在所固有的不穩定性和不可靠性。

我們會體驗到痛苦的多個面向：

**痛苦與失去**

——苦苦（dukkha-dukkha），即由痛苦帶來的痛苦。

**對變化的焦慮**

——變苦（viparinama-dukkha），即因變化而產生的痛苦。

**細微的不滿**

——**行苦**（sankhara-dukkha），即因緣和合而生的存在所帶來的痛苦。

認識到這一事實並不是悲觀。相反的，它是通往自由的大門。正如我們在第6章中所探討的，理解痛苦的本質是邁向解脫的重要一步。

### 3. 無我——獨立「我」的錯覺

初轉法輪中最具顛覆性的教義之一就是「無我」。

我們往往把自我看作是一個實體，一個堅實的、持續存在的身分。

但佛陀教導，自我並非是一個固定的實體，它是一個過程，是思想、情感、感知和記憶之間持續變化的相互作用。

如果我們仔細觀察，就會發現自我並不是我們「是」的某種東西，而是我們「做」的某種東西。**自我更像是一個動詞，而不是一個名詞**。與其說我們是實際獨立存在、堅實的「自我」，不如說我們更多地在「塑造自我」。

## 二轉法輪：空性與相互依存

二轉法輪更為深入。它引入了空性和相互依存的概念。

空性超越了無常和「無我」的概念，對是否有任何事物具有內在固有的、獨立的存在性提出了質疑。

**空性的修行有兩個面向：**

**1. 人無我空**

**2. 法無我空**

在藏傳佛法的教導中，這些空性的修行正是內觀禪修的核心。

### 1. 人無我空——如同天空中的彩虹

為了更好地理解人無我空，不妨思考一下彩虹的本質。彩虹看起來鮮豔而真實，但它並沒有堅固的實質。只有當合適的因緣條件——陽光、水氣和視角——匯聚在一起時，彩虹才會出現。儘管它出現在我們眼前，卻沒有一個我們可以抓住的實體；彩虹沒有內在固有的存在性，但它卻依然顯現。

我們的自我感也是如此。自我感似乎是真實且持續的，但它完全依賴於心理和生理條件——思想、記憶、感覺和感知——這些條件不斷地生起和消散。在我們的體驗核心，並不存在一個單一、不變、堅實的自我，而只有一個流動、變化的過程，只是我們習慣性地將自我誤認為某種固定的東西。

然而，正如我們毋須消除彩虹就能認識到它的虛幻不實一樣，我們也毋須摒棄自我才能認識到它的空性，我們只須看透自我堅實的假象即可。當我們對自我進行探究時，體驗的主觀方面並沒有任何屬性或特徵。體驗的主觀方面無特徵，但它又並非虛無，因為它是有覺知的。所以有一個知曉的覺性存在。有了這種洞見，我們就認識到了傳統上所說的**「明空不二」（覺性與空性）**。

## 2. 法無我空——一切皆空

在內觀禪修的下一個階段，我們將領悟擴展到自我之外，進而認識到所有現象同樣都沒有內在固有的存在性。我們不再只探究體驗的主觀方面，而是開始探究體驗的客觀方面。這種修行直接應對的是作為感知現象和心理內容而出現的各種事件。當我們從空性的視角來看待這些事件時，我們就消弭了關於「外在」存在著一個固定、靜態現實的錯覺。

對現象本質的洞察也揭示了所有體驗相互依存、流動變化的本質。偉大的中觀哲學家龍樹菩薩透過闡述這樣一個事實來教導這一點：我們所體驗到的一切事物都是依賴其他條件而產生的，沒有任何現象是獨立存在或孤立的。這種洞見打破了我們慣常的認知方式。這種修行的結果表明：

- **物體看起來是堅實的**，但它們是由不斷變化的微粒組成的，並且依賴於因緣條件。我們所謂的「一件事物」只是強加在不斷變化的元素模式上的概念化標籤。
- **念頭似乎是真實的**，但它們不過是心理活動的剎那閃現，在生起的瞬間就消失了。沒有任何念頭具有內在固有的實體，它只是覺性本身的活動。
- **時間和空間感覺是固定的**，但它們是心理構建物，是由意識強加的、用來形成體驗的框架。過去、現在和未來並非作為相互獨立的現實而存在，而只是相互依存的概念。

透過內觀禪修，我們訓練心去看透這些習慣性認知，認識到所有的表象都是相互依存而生起的，沒有內在固有的本質。換言之，一切現象皆空。有了這種洞見，我們就認識到了傳統上所說的**「顯空不二」（顯現與空性）**。

甚至空性本身也是空的，它不是一個客體，不是一個可以抓住的東西，而是一種能夠打破所有概念化執著的認知方式。這種洞見並不會導致虛無主義。空性讓我們的內心萌生出更深的慈悲心和對萬物一體的認知，空性消解了一切殘留的執著和易反應性，讓我們以更加開放、靈活和智慧的方式去生活。

## 相互依存與慈悲

對空性的這種理解自然會引發對萬物相互依存的深刻領悟。當我們認識到沒有任何事物獨立存在——無論是自我、客體，甚至時間或空間都不是——我們就開始感受到萬物之間深刻的關聯性。我們所體驗到的一切事物都是透過一張條件之網而產生的：包括生理的、心理的、情感的、文化的和環境的。萬物都與其他一切事物相關聯。這不僅僅是一個哲學概念，它會成為一種切實的生活體驗。自我與他人、內在與外在之間的界限開始消融。我們認識到我們的幸福與他人的幸福是不可分割的。

從這個角度來看，慈悲就成為了最自然的反應。當沒有堅實、孤立的自我時，也就沒有獨立的痛苦和孤立的喜悅。影響一個人的事情，也會影響到全體。我們對現象的空性看得越清楚，就越能體會到所有生命之間緊密的聯繫。這種相互依存關係成為了偉大的美好和意義的源泉。它促使我們去關懷，去服務，並以一種有益於整體的方式生活。

因此，空性並不是一種冷漠或抽象的否定。它是通往愛的一扇門。空性將我們從執著中解脫出來，同時也讓我們的心變得柔軟。空性使我們擺脫分離的錯覺，讓我們領悟到一個溫柔的真理：我們彼此相連、相互依存。從這個意義上來說，智慧與慈悲共同形成了一顆能夠自然流露清晰洞察和開放包容的心。

## 三轉法輪：佛性——我們的真實本質（如來藏）

如果說初轉法輪揭示了根本性的問題——無常、苦和無我，而二轉法輪則藉由領悟空性和相互依存，幫助我們看透迷惑，那麼三轉法輪則揭示了當所有的遮蔽都消失後所留存的東西：我們本具的佛性。

### 佛性——恆常存在的覺性天空

佛性（如來藏）意味著認識到我們的真實本質一直都存在，且早已覺醒。心就如同灑滿陽光的天空——廣闊、無垠、明亮澄澈。儘管念頭和情緒不斷地生起和消散，它們就如同雲朵，永遠無法改變天空本身。無論雲朵看起來多麼濃密，在它們之下，天空的清澈始終未被觸及。

這一教導與空性並不矛盾，反而完善了空性。空性並不只是一種否定或虛無；它是空間，在其中，明亮且具有覺知的覺性自然閃耀。佛性意味著圓滿成佛並不是我們創造出來的東西，我們只是認出它。正如太陽毋須被製造，只須在雲層散開時顯露一樣，覺醒不是一種成就，而是當看穿所有的遮蔽層面時，一直存在的東西顯化了。

## 不二證悟

在內觀的更高層次，覺性與現象之間的區別消失了。曾經被視為主體與客體、觀察者與被觀察的東西，現在被認識到是一個不可分割的一體。**「明空不二」(清明與空性)和「顯空不二」(顯現與空性)並不是體驗的兩個不同方面，而是同一覺性的兩種表達**。「明空不二」和「顯空不二」都體現了空性的同一本質。當這種洞見完全生起時，所有被感知到的界限都消失了，揭示出覺性本身的不二本質。

在這一內觀階段，覺性並非是與現象相分離的事物，現象也並非獨立於覺性之外。我們不再執著於將空性當作虛無，也不再執著於將顯現視為真實的存在，而是安住於不二覺性的自然狀態中，在這種狀態下，空性與色相完美地融合一體。每一種體驗當下都被視為心的明亮清澈的動態展現，沒有分離或阻礙。

覺性本身與所顯現的事物是不可分割的，正如波浪永遠無法與海洋分離，微風永遠無法與天空分離一樣。在這種領悟中，沒有什麼需要執著，也沒有什麼需要摒棄——只有實相如其所是地自然生起，毫不費力地舞動。

不二了悟的各個階段代表著智慧的最高融合。下一章，我們將根據大手印來剖析覺性的層次及不二的不同階段。最終，內觀禪修的實踐會導向最高層次的不二覺性：覺醒的覺性。

## 認識我們的真實本質：覺醒的覺性

我們的本質覺性原來就是覺醒的，但它暫時被迷惑、執著和習慣性的錯誤認知所遮蔽。內觀禪修的最終目標是移除那些阻礙我們認識真實本質的障礙。當我們不再認同、哪怕是最細微層面的迷惑時，我們就會領悟到一直存在於此的自然清明與智慧。

大手印和大圓滿的最高教義強調要直接「安住」於覺醒的覺性之中，因為我們所追尋的與我們自身並無分別。毋須去編造或獲得任何新的東西；相反的，我們要培養對每時每刻已然不生不滅、不增不減、圓滿自足的存在的認知。

## 自我感的健康功能

重要的是要記住，即使達到了上述所說的深刻的不二了悟層次，修行中仍然可能出現錯誤。在內觀禪修的這個層次上有時會出現的一個錯誤，就是未能完全整合相對自我。

如前所述，在內觀禪修中，我們毋須擺脫或抹除自我——正如我們毋須從天空中抹去彩虹一樣。事實上，健康的不二了悟為**看似仍然存在**的自我留出了空間。遮蔽覺醒覺性的問題並非自我的呈現，而是未能認識到，即便是自我也是空性覺知的示現。

**為什麼相對的自我很重要？**

**在相對層面，自我至關重要。**

## 健康自我感的重要性

健康的相對自我具有幾個基本功能：

### 1. 為經歷提供了一個組織原則

自我充當一個核心參照點，使我們能夠追蹤自身的成長並規畫未來。沒有這個結構，思想和情感就會變得支離破碎，使得我們在日常生活中難以正常運作。

### 2. 在不同狀態和時間中提供了連貫性

一個整合良好的自我提供了穩定性，使我們即使在環境變化時也能保持一致的身分認同。這種連貫性培養了韌性，幫助我們在困境中保持理智。

### 3. 是一個能夠成長、適應和成熟的結構

健康的自我不是一個僵化的實體，而是一個不斷發展演變的過程。隨著它的成熟，我們能夠超越以自我為中心的習性，成為更廣闊、更具慈悲心的存在。

### 4. 是獨特技能、天賦和表達的載體

每個人都有與眾不同的優勢和見解，可以使他人受益。目標

不是消除個體性，而是使其與智慧接軌，這樣我們個人的天賦就能貢獻更大的善舉。

### 5. 可以作為相對實相和究竟實相之間的橋梁

健康的自我是絕對實相（空性和純粹覺知）與相對體驗之間的界面。這使我們能夠參與各種關係、踐行道德並履行責任，而不會陷入對自我的執著之中。

## 未整合自我的危害：解離、人格解體和現實感喪失

雖然內觀禪修通常與更高的幸福感和自我覺察相關，但如果在追求時沒有進行健康的心理整合，它可能會導致嚴重的解離狀態。這些狀態（解離、人格解體和現實感喪失）往往在深層次的情感創傷、重大創傷或潛意識的念頭被繞過而沒有得到整合時出現。

### 解離：與經驗脫節

解離是與思想、情感、身體感受，甚至自我感的脫節。它可能表現為情感上的麻木、恍惚或與現實脫節。解離不是去處理痛苦，而是造成了一種心理上的分裂，將困難的情感或記憶從意識中推出去。

一些禪修者，尤其是那些參加高強度閉關或長時間專注修

行的人，可能會在不知不覺中強化解離傾向，而不是去解決它們。當禪修成為一種逃避而非整合的工具時，修行者可能會感覺與自己的情感、人際關係或世界本身越來越疏離。

## 人格解體：失去「我」的感覺

人格解體是一種不真實感或與自己的身體和身分疏離的體驗。處於這種狀態的人常常描述感覺自己像是從外部看著自己，就好像那是別人的生活。這可能由創傷引發，但也可能出現在那些解構自我感，卻沒有同時培養具身性和整合的靈性修行中。

在一些不二或基於空性的教導中，存在一種誤解，即把無我認為是對所有個人身分的否定，而不是自我與空性的整合。如果沒有健康的自我作為基礎，修行者可能會把人格解體誤認為是靈性上的進步，而沒有意識到潛在的分裂。

## 現實感喪失：感覺世界不真實

現實感喪失是一種感到外部世界像夢境一樣、遙遠或不真實的感覺。顏色可能看起來褪色了，時間可能感到扭曲了，互動可能感到沒有情感意義的空虛。這通常發生在一個人被壓力或創傷壓垮，而自我保護機制讓他潛意識地脫離現實。

在禪修中，特別是當修行強調解構普通認知而沒有像慈心（慈愛）或扎根技巧練習這樣的穩定修行時，現實感喪失可能會是一種意外的副作用。修行者不是領悟到現實的活力，而是可能感覺與現實越來越疏離。

## 如何減輕禪修的不良影響

威洛比．布里頓（Willoughby Britton）博士創立的獵豹之家（Cheetah House）專案一直是研究內觀禪修不良影響的先驅。透過她的研究，布里頓記錄了許多因為在沒有適當支援的情況下進行高強度禪修而出現解離、人格解體或極度焦慮的禪修者案例。她的工作強調了以下幾點的重要性：

- **將內觀修行與扎根技巧相平衡**，避免過度解構自我。
- **認識到禪修並非對每個人來說本質上都是安全的**——尤其是那些有創傷史或心理脆弱的人。
- **為體驗過意外負面感受的禪修者提供心理支援。**

她的發現挑戰了禪修總是有益的這種理想化觀念，相反的，表明如果修行不當或準備不足，禪修可能會加劇心理不穩定，而不是解決問題。

## 整合自我

一條真正全面的內觀之路涉及深度整合。健康的內觀禪修不會壓抑或迴避個人自我——它會提煉、療癒並將其整合到一個更廣闊、更具擴展性的覺性之中。

這可能意味著，這條修行之路有意地透過運動、呼吸工作或身體覺察練習來培養具身性的修行與禪修相結合。這些具身的方法有助於將內觀根植於生活體驗中，使這條修行之路更具可持續性且更加完整。

這很可能還意味著，健康的內觀禪修方法包括應對創傷敏感性的方法，這些方法將心理安全放在首位，並尊重每位修行者的獨特需求。這種方法並非忽視自我，而是認識到培養健康的自我感作為一個穩定且有韌性的基礎的重要性。當以這種方式進行整合時，個人自我就會成為更深層次覺醒的載體——不是要消除的東西，而是要照亮的東西。

如果你注意到出現了解離或上述列出的任何其他不良影響，請暫停內觀禪修並尋求支持。在你重新回到禪修練習之前，或許可以透過愛、自我慈悲和溫柔來處理某些心理因素。正如身為佛教徒的美國心理治療師傑克・恩格勒（Jack Engler）所說：「**你得先成為『某個人（somebody）』，然後才能『無我（nobody）』。**」

·思·考·練·習·

## 看透並超越

因此，我邀請你思考幾個與內觀禪修相關的問題：

- □當你將自我視為一個過程而非一個實體時，會發生什麼？
- □如果你相信自己的佛性已然存在，你的生活將會發生怎樣的變化？
- □始終處於不二覺性狀態中的生活會是怎樣的呢？

## 展望未來

下一章，我們將探索藏傳佛法的巔峰——大手印和大圓滿。目前，只須記住：

**內觀並非在於改變現實，而是看透那些遮蔽你真實本質的面紗。**

第 14 章

# 大手印與大圓滿

# 圓滿成佛之道

在修行道路的頂點，有兩種深奧的方法能引領禪修者獲得圓滿的證悟：大手印和大圓滿。

大手印和大圓滿代表了藏傳佛教不同教派中的最高教義。每一種體系都揭示了心的本質，並將這種頓悟培養至圓滿成佛。

大手印和大圓滿都提供了一條圓滿成佛的道路：

**大手印（大印）**

強調認識到所有的體驗、所有的覺受，甚至心本身都帶有空性和覺性的印記。

**大圓滿（大圓滿法）**

強調心的本質從未被汙染——它本初純淨，已然圓滿，已然自在。

噶瑪恰美（Karma Chagme）仁波切的經典著作《唯一：大手印大圓滿雙融心髓》中，將大手印與大圓滿視為最深奧的教法層次。他寫道：

**「雖然有許多不同的哲學觀點與教法體系，實際上，沒有任何教法是不涵攝於大手印與大圓滿之中的。正如一切萬法皆容於虛空，所有其他的觀點與體系，也都涵攝在這兩者之內。由於這兩者本質上是無別的，因此將一切精華融攝於單一修持中，乃為最深妙之道。」**

大手印與大圓滿的差異，並不在於其根本或結果，而是在於修行的方法。兩者的基礎相同——本初純淨、清明而空性的覺性；修道的方式與著力點或許不同，但最終的成果卻是一致的：徹見證悟覺性的顯現，即圓滿的佛智。

接著就來詳細探討大手印和大圓滿。首先從大手印開始。

# 大手印的三種修持方法：經教、密續與心髓

大手印透過三種不同的方法來修持，每種方法都適合不同的

根器和受用程度：經教大手印（漸修之道）、密續大手印（灌頂與本尊瑜伽）以及心髓大手印（直指心性）。雖然每種方法的途徑不同，但最終都能導向對心的光明空性本質的了悟。

## 經教大手印：漸修之道

經教大手印與我們到目前為止在關於專注禪修和內觀禪修的章節中所描述的內容最為接近。經教大手印遵循一種邏輯性，強調循序漸進的淨化和禪修發展之路。傳統的經教大手印修持方法根植於：

**專注禪修（奢摩他）**

用於培養持續的專注力和內心的寧靜。

**內觀禪修（毗婆舍那）**

運用概念化分析和直接的禪修探究來認識自己的真實本質。

透過系統的修行，禪修者逐漸提升認知和內觀能力，進而直接證悟覺醒的覺性。

## 密續大手印：具加持力的修行之道

密續大手印在《金剛乘》的體系內進行修行，運用灌頂、本尊瑜伽以及精微能量的修持方法，來迅速加快證悟的進程。這條修行之路包括：

**接受灌頂（即「阿毗舍卡」灌頂儀式）**

讓心成熟，以獲得直接體驗。

**進行觀想和念誦咒語**

以消解習慣性的概念執著。

**修習內瑜伽（比如拙火瑜伽或那洛六法）**

以消融尋常的認知，並展示心本具的光輝。

透過這些方法，密續大手印從內到外轉變認知，使得證悟的過程比漸修之路開展得更為迅速。

## 心髓大手印：直指心性

心髓大手印繞開循序漸進的發展過程，藉助一位具德上師的傳授，直接引領修行者認識心的本質。心髓大手印既可以作為一種獨立的修行方法來傳授，也可以與經教大手印或密續大手印相結合。

心髓大手印的特點如下：

**1. 直指心性的教導**

即上師揭示覺知的本質。

**2. 安住於證悟之中**

毋須進行大量的分析或概念化的禪修。

**3. 透過不斷熟悉來穩固證悟**

不依賴於有條理的方法。

心髓大手印的方法最為快速、直接，但需要合適的條件：一位合格的上師、一位具有接受能力的弟子，以及深厚的業力成熟度。

## 不同路徑，相同證悟

經教、密續和心髓大手印這三種方法，都導向對覺醒覺性（空性與覺性的合一）的相同證悟。漸修的經教之路提供了一個有架構的基礎，密續之路透過善巧方便加速了這一過程，而心髓之路則直接指認證悟。每位修行者都必須找到最適合自己的性格、信任度和業力成熟度的方法。

## 大手印中的覺性層面

覺性與我們的體驗是如此的緊密交織，以至於我們很少去探究它的本質。尤其是在大手印的漸修之道上，這些修行方法幫助我們精確而清晰地探究心的各個層面。隨著探究的展開，修行會逐漸揭示出更深層次的覺性。這些覺性層面一直都存在，但常常被忽視或是沒被意識到。

根據不同的劃分方式，大手印的漸修實踐至少有五個覺性層面。我會先列出這些層面，然後再探討每個層面與特定修行階段的關聯。

### 第0層：普通迷妄心

一般人在醒著的大部分時間裡都處於預設模式，在生活中自動導航，缺乏有意識的覺察力。我們可以把這種預設模式稱為普通迷妄心，並將其標記為第0層。它散亂且容易分心，在各種想法、情緒和外部刺激之間漫無目的地遊蕩，毫無辨別力。這個層次的覺性是被動反應的、以自我為中心的，受慣性模式驅動，而非出於有意識的清明。

### 第1層：覺知

在這個階段，覺性開始認識到它與念頭是有區別的。透過專注的修行，念頭平息的時刻會出現，但一種警覺、明瞭的狀態依然存在。覺性不再迷失於念頭的洪流中，而是可以自在安住，清晰且不受干擾。此時的心感覺更加穩定、專注且自在，不再不由自主地追逐各種念頭，而是以一種警覺的狀態去觀察它們。這種轉變標誌著一個基本的領悟：覺性與念頭不同，而且現在它被直接認知為更深層次的東西，始終存在於心理活動的底層。我的老師丹把這個修行階段稱為從「思考模式」轉變為「覺知模式」。

### 第2層：廣闊的覺性

隨著修行的深入，覺知進一步解脫其自身——不僅從念頭中解脫出來，還從固定的個人自我感中解脫出來。覺性不再被體驗為位於頭部或眼睛後面的某種東西，它開始讓人感覺更加廣闊。各種想法、情緒、感受、視覺形象和聽覺聲音，如同廣闊天空中的雲朵般生起又消散，覺性本身卻保持不變。隨著自我關注和被動反應的負擔開始減輕，一種深深的自在感油然而生，揭示出一種更廣闊、更具包容性的存在方式。

### 第3層：恆常無垠的覺性

隨著修行的繼續，覺性受限於時間和空間的錯覺開始消散。有一種越來越深刻的認知，覺性不是一種生滅的東西——它一直都在那裡，不受經歷變化的影響。即使各種念頭、情緒和感知生起又消逝，覺性本身依然保持恆定、無垠且自由。這個層次的覺性帶來一種深刻的寧靜與穩定，因為人們認識到覺性不是個人化的或短暫的東西，而是一個始終存在、不變的基礎。這個層次的覺性感到真正的開放和廣闊。

### 第4層：不二覺性

在這個階段，觀察者與被觀察者之間的界限消融了。覺性不再被體驗為某種與在其中生起的事物分離的東西——所有生起的事物都被認知為覺性。感官體驗、思想和情緒不再被看作是發生在某個主體身上的，而被視為是同一個進行觀察的覺性的自發表達。當主體與客體之間的界限完全消失時，一種無所不在的存在就會揭曉。現實顯得生動而直接，卻沒有任何分離，反之是一種與一切事物的深刻親密感。

### 第5層：覺醒的覺性（本覺）

在覺性的最高層面，所有的努力、執著和概念化都消失了。

覺性不再源於某個中心或位置。覺性沒有特定的來源之處。覺性無處不在，又不在任何特定的地方。覺性是清晰的、廣闊的、無所不在的，且沒有中心。沒有禪修者，也沒有可禪修的對象，但覺性依然毫不費力地保持醒覺且無垠。體驗自由地流動，沒有阻礙，並且有一種深深的自在感，因為所有關於局限、自我或努力的觀念都已被完全看透。這不是一種要達到的狀態，而是對那個一直存在、超越所有遮蔽的東西的認知。

**覺性的基本層次：**

第0層：普通迷妄心（預設模式）

第1層：覺知

第2層：廣闊的覺性

第3層：恆常無垠的覺性

第4層：不二覺性

第5層：覺醒的覺性

覺醒的覺性（第5層）就是我們在本書中一直提到的你的真實本質。覺醒的覺性是存在本身的基礎。雖然「覺醒」這個詞指的是從第0層到第5層的整個過程，但「覺醒」這個詞特別指的是對覺醒的覺性的證悟。正是這種覺醒的覺性才是我們要穩固並培育至圓滿的佛果。

## 狀態與視角

這裡需要提及的一個重要區別是狀態的轉變與視角轉變之間的差異。每次你達到了一個新的覺性層次，你的運作基礎就會轉變，你對於覺性來源之處的基本體驗會有所改變，這是所謂的視角的轉變。*以下簡略說明這一區別。

**狀態的轉變**：與體驗領域內的變化相關。
**視角的轉變**：指的是意識來源之處的變化。

了悟並非關乎擁有一種新的狀態體驗。所有的狀態都來了又去。覺醒並不會給體驗增添新的東西。覺醒是關於透過覺知的不同層次進行轉變，從而認識到最根本的東西——覺醒的覺

*我在其他地方已對這一點做過大量闡述，建議讀者查閱我的其他書籍以了解詳細的內容。

性。無論覺醒是突然發生，還是逐漸發生的，它都涉及看透層層的困惑，以揭示已經存在的更深層覺性。從這個角度來看，轉變到覺醒的覺性，或更準確地說，認識到覺醒的覺性，是所有視角中最深刻的。當所有的遮蔽層面都被去除後，留下來的就是覺醒的覺性。

關鍵要點在於：**狀態不斷變化，而視角是可以穩定下來的。**

在你自己的直接體驗中，區分狀態和視角的一個最簡便的方法就是關注某些問題，而避開其他問題。與其去尋找體驗中的某些變化並問「體驗領域中發生了什麼變化？」，一個更好的問心是「我的意識處於哪個層面？」。

這意味著只留意我們體驗的內容是不夠的。相反的，我們必須問自己「我的視角是什麼？」。或者就像丹過去常問我們的，「你的運作基礎是什麼？」。

你可以透過微小的針孔來保持正念（第1層：覺知），或者如立足於廣闊的海洋那樣保持正念（第3層：恆常無垠的覺性）。這兩種視角的區別不在於體驗中出現了什麼；內容可能是相同的。區別在於你是從哪個覺性層面來保持覺察的？你所立基的意識層面會打開完全不同的世界。

## 大手印的四瑜伽

偉大的大手印大師岡波巴透過大手印的四瑜伽描述了證悟逐步展開的過程。每一種瑜伽都能澄清一種困惑或障礙，並藉由覺知的不同層面來轉變修行者的視角。在下面的概述中，我將展示大手印漸進修行方法中的這四種瑜伽是如何與我們剛剛探討過的意識層面相對應的。

## 專一瑜伽（One-Pointedness）：修「定」

在修行之前，心是散亂的、易反應的，且很容易分心。這是在預設模式下運作的普通迷妄心，被稱為第0層。專注修行始於藉助學習將心專一安住於禪修所緣對象上來使心穩定下來。隨著雜念消退，修行者會培養出一種堅定不移的覺照狀態，不再受外在或內在干擾的影響。透過這種修行，禪修者從陷入散亂的思維狀態轉變為以穩定的覺知來運作。這標誌著進入了「覺知」層面，即第1層。

## 離戲瑜伽（Non-Elaboration）：基本的空性禪修

在這個瑜伽中，禪修者運用前面學會的保持專注的能力，去探究自我、感知，以及心理內容的本質，在此階段，修行者運用空性的視角去看透現象的所有層次，直到每一類事物中都沒有任何東西能夠遮蔽覺性的本質。隨著概念化標籤的脫落，心不再將體驗歸納為好或壞、愉悅或不愉悅。這裡所揭示的視角超越了將「內在」的獨立自我和「外在」的世界和事件實體化的習慣性困惑。這會帶來一種越來越開放、寬廣的覺知體驗，被稱為「廣闊的覺性」，即第2層。

在這個瑜伽的後期，感知超越了時間和空間的限制，揭示出一種無邊無際且不會在時間中來去的覺知層面——這就是「恆常無垠的覺性」，即第3層。在這個階段，所有現象都出現在恆常存在的廣闊覺性領域中，禪修者直接體認到自己就是這種廣闊、無造作的存在狀態。

## 一味瑜伽（One-Taste）：確立非二元性

在這個瑜伽中，主體與客體之間殘留的任何分離感都會消融。所有的體驗——視覺、聽覺、嗅覺、味覺、觸覺、念頭和情緒——都被認知為空性的「同一味」或覺性的「一味」。這種視角超越了二元覺性的困惑，揭示出一種更加統一的感知實相的方式。

在一味瑜伽的中期，覺性變得無處不在，毫無縫隙地遍布一切事物之中。在這個階段，由於你已不再受限於二元性，就可以從這種無所不在的覺性中生起，或者說，你就是這種覺性。

到了這個瑜伽的後期，維持這種非二元的覺性是毫不費力的——這只是一種自然的存在方式。一味瑜伽中所揭示的覺知層面是「不二覺性」（第4層）。

## 無修瑜伽（Non-Meditation）：在無有造作中淬煉並體認覺醒的覺性

在這最後一個瑜伽中，所有殘留的造作都消失了。沒有「禪修者」，也沒有可「禪修」的對象，但留下來的是一片晶瑩剔透、清晰明瞭的覺知領域。不再追尋或抓取，覺性自然安住於其本然之中。

在無修瑜伽的初期，你的覺知層面處於一種完全安歇、全然開放且自然自在的狀態。在無修瑜伽的後期，所有的定位感都消失了。覺性不再受限於任何固定的參照點。

覺醒的覺性沒有中心或源頭，而是一種瞬間遍及各處的明晰認知。無修瑜伽所揭示的覺知層面為：覺醒的覺性（第5層）。

大手印的這種進階過程是從有造作到無造作——從穩定注意力，到消融對自我和現象的實體化認知，再到體認一切事物的一味，最後僅安住於心的自然狀態，並體認到覺醒覺性即為我們的真實本質。這是一條深刻的道路，四瑜伽為你指明了回歸本真的道路。

# 大圓滿與三句擊要

大圓滿，或稱「大圓滿法」，其架構與大手印有所不同，但這兩個傳統最終都導向相同的證悟：對覺醒之心的直接體認。

大圓滿的核心在於直接傳授。一位大圓滿上師透過直指心性來指導弟子體認覺醒的覺性。從這個角度看，大圓滿的直接性與「心髓大手印」最為相似。

大圓滿其中一個核心而且是廣受歡迎的教導，就是大圓滿法教人間初祖噶拉多傑的三句擊要。這三句口訣囊括了整個大圓滿的修行之道：

**1. 直指本元**

體認覺醒的覺性

**2. 決定堅定**

在所有時間和所有情境中穩固覺醒的覺性

**3. 立定解脫**

將修行之道推向圓滿成佛和究竟成就

第一步是**直指本元**。在這第一階段，上師直接引導弟子體認他們自己的覺醒覺性，即「本覺」。在這個當下，弟子如其所是地體認到自己的自然狀態，沒有概念上的繁瑣詮釋。這是覺醒的基礎方面。

第二步是**決定堅定**。在這個階段，修行者學習在所有時間和情境中穩固覺醒的覺性。一旦覺性被體認，就要堅定地認定這種覺性顯現為萬事萬物。這種了悟必須貫穿體驗的每一個瞬間，直到覺醒完全穩固下來。

最後一步是**立定解脫**。這一階段將修行之道引向圓滿成佛和究竟成就。在此，修行者完全信任已然揭曉的一切。沒有什麼需要改變或調整的——一切都保持原狀，自行解脫於其自身。

當業力的習氣耗盡時，心的所有積極面自然綻放，展現出一顆開悟之心的圓滿狀態。

這三句擊要以其經典性概括了整個大圓滿的修行之路——沒有必要分析、辯論或進行概念化的闡釋。不像那些隨著時間推移逐步深化理解的方法，大圓滿極為直接：一個人要麼體認到覺醒之心，要麼沒有。在任何時刻，**包括此時此刻**，你要麼在體認本覺（覺醒的覺性），要麼處於迷妄（無覺知）中。我們的任務不是積累知識，而是加深篤定與自信，讓覺醒覺知的自然本性得以綻放，直至證悟臻至圓滿。

## 圓滿成佛的漸盈之月

我所稱的「覺醒」一詞指的是對我們真實本性的直接體驗，即覺醒的覺性。即便是瞬間即逝，能直接體驗到覺醒的覺性也會讓人感到無比的自在。而圓滿成佛則需要我們學會在任何時間和情況下穩固認知到覺醒的覺性。這包括滋養覺醒，使其圓滿。對我們大多數人來說，究竟證悟的展開過程很像月亮的月相變化，是逐漸顯現的。一開始，我們稍稍嘗到一點覺醒的滋味。這就如同瞥見天空中的一彎新月。這一瞥是真實而美好的——我們確實看到了月亮。但即便這一瞥是真切和珍貴的，新月畢竟還不是滿月。月亮的大部分仍籠罩在陰影中。

同樣的，早期的一點覺醒體驗——無論是藉助禪修、深入思考，還是經由上師的傳授而獲得——並不意味著究竟的圓滿成佛已經降臨。即便有了清晰的洞察，仍有尚未察覺的模式、無意識的創傷，以及潛藏在黑暗中的細微執著。仍有需要療癒的地方，仍需將領悟的智慧完全融入我們的生命中。這意味著，即便有了覺醒的一瞥，隨後還必須**在所有時間和所有情境**中穩固這種覺照，並**使其達到最圓滿的成果**。

隨著月亮漸盈，覺醒的穩固程度不斷加深，越來越多的月光顯現出來，月亮的美麗形態也變得更加清晰。同樣的，隨著覺醒的每一步深化，我們以慈悲心包容世界的能力得以擴展，我們的認知也變得更加明晰。

最後，滿月閃耀，月亮沒有任何部分處於陰影之中。當每一個業力的痕跡和障礙都已消散之時，就是圓滿成佛的滿月狀態。愛自然而然、自發地無邊無際，究竟證悟的覺性自然而然、自發地毫不費力，所有的顯現自然且自發地被認知為覺悟之心的光輝表現。

就像我的老師丹常說的，在這一證悟階段，直接的體驗就是「本初智慧為了其自身的實現而向其自身顯現」。

## 圓滿成佛的含義

大手印和大圓滿的最終目標是完全證得圓滿覺悟。這被稱為「**桑傑**」——即圓滿成佛，是智慧與慈悲的全然綻放。

藏語詞彙「桑傑」（Sangye）既表達了所有障礙的淨化，也意味著智慧與慈悲的充分發展。

**桑（San）**

意為**徹底淨化**——所有的障礙、執著，以及扭曲都已消除。

**傑（Gye）**

意為**充分發展**——所有的智慧與慈悲都已得到了充分的展現。

這並不是體驗的湮滅，也不是逃避塵世。它是對體驗的徹底澄明，曾經透過無明和業力遮蔽的濾鏡所感知到的一切，如今都以其真實的面貌被看待，即覺悟之心的光明示現。

證得圓滿覺悟後，就不再有透過業力視角所產生的對實相的碎片化或二元化的認知。曾經被視為自我與他者、內在與外在、輪迴與涅槃的事物，如今都被認知為圓滿成佛的覺性本身不可分割的遊戲。

·思·考·練·習·

## 體認圓滿成佛覺性的滿月狀態

不要把這些教義當作需要分析的概念，而是要花點時間開始直接體驗它們所指向的內容：

□你此刻的覺知來自哪裡？它是你能抓住的東西嗎？你能找到覺知的任何邊緣或界限嗎？

□你的「自我」與世界之間真的存在界限嗎？還是說所有的體驗都只是在一個開放的覺知領域本身之中顯現？

□如果你停止追尋，停止分析，只是讓一切保持原樣，會發生什麼呢？

圓滿成佛的滿月狀態不是你需要追逐的東西，也並非遙不可及。就像滿月始終存在，即便被雲層遮蔽，你的心本就已經覺醒，本就閃耀著光明。它只須要被體認。

你不是在朝著覺醒前進——你只是在驅散遮蔽它的雲霧。大手印和大圓滿是使修行之路臻至圓滿的巔峰法門。

下一章，我們將探討佛陀是如何將圓滿成佛融入日常生活的。

目前，只須記住：

**大手印和大圓滿揭示了從未遺失的東西——你自己的覺悟之心。**

第 15 章

# 智慧能量與佛身

# 圓滿成佛的無盡示現

上一章，我們探討了大手印和大圓滿，這是修行之道的巔峰，這一境界實現了圓滿成佛。但圓滿成佛並不意味著一切都消失了。圓滿成佛是所有追尋的終結，卻也是持續不斷、日益精進的慈悲行動的開端。**究竟空性即是與實相完美契合。**

在這個階段，從智慧的角度來看，不再有一個固定不變、有所作為的自我，也沒有需要去幫助的其他存在——然而從慈悲的角度而言，行動卻毫不費力且永無止境地持續著，因為仍然有眾生顯現於世，並且他們自認為處於迷惑之中。所以，覺悟之心能**如實**地看待事物，也能理解事物是如何**顯現**出來的。如此，圓滿成佛的兩翼——智慧與慈悲，讓佛陀得以翱翔。

覺悟行動的無限展現可以從兩個方面進一步理解：五智之力和佛身。

這兩方面將成為本章的核心重點。讓我們從基礎開始講起：

**五智之力**

揭示情緒和經歷是如何轉化為證悟的表現形式。

**佛身（三身）**

描述證悟的存在如何能同時在現實的不同層面顯現，以利益眾生。

關於五智之力和佛身的教導幫助我們理解到，圓滿成佛不只是一種內在的了悟，更是一種在世間正向展現的鮮明力量。佛並非以一種靜態的存在顯現，而是作為一種始終存在、能做出回應的智慧場域，充滿活力地應對一切狀況。利益眾生的事業是無窮盡的，因為這是圓滿成佛本身自然散發的光輝，從覺醒的覺性根基中毫不費力地生發。

如此一來，圓滿成佛並非是一種逃避——而是對所有現實的深刻且巧妙的參與。

# 五智之力——將心轉化為覺悟的表現

五智之力描述了體驗的基本模式，以及它們是如何轉化為得證佛性的品質。這五種智慧分別是：1.大圓鏡智，2.平等性智，3.妙觀察智，4.成所作智，5.法界體性智。

## 從迷惑到智慧

五智之力存在於迷惑和覺悟兩種狀態中，塑造著我們對現實的體驗。

在無明狀態下，這些力量表現為扭曲的情緒和我執，呈現為憤怒、傲慢、執著、爭強好勝或困惑。這些力量在密宗修行之路上如能善巧運用，就會成為轉化的素材。修行者並不壓抑或排斥它們，而是有意識地提煉和轉化這些情緒，使其昇華為更高的表現形式，從而揭示其更深的智慧。在究竟圓滿成佛之時，這些力量就會顯現為佛所自然具備的五種基本智慧——清澈、平等、深刻理解、善巧行為和廣闊開放的光輝表現。

從本質上來說，每一種智慧之力都與一種自然元素有著內在的聯繫，既反映出它在輪迴中的扭曲相，也反映出它覺醒的潛力。水、地、火、風和空這五種元素，各自暗喻了這些力量動態展開的過程，展示了僵化如何能變為清澈，貪婪如何能變為慷慨，執著如何能變為深沉的愛，強求如何能變為不費力的行動，困惑如何能變為廣闊而明亮的覺知。當這些力量被完全了悟時，它們就不再束縛我們；相反的，它們會展開為純淨的表現形式，即佛的覺悟智慧。

現在，讓我們逐一來了解每一種智慧之力。

## 1. 大圓鏡智
## ——清晰與精準（水元素）

大圓鏡智之力，就如同水元素，敏銳、具有反射性與穿透力，以智慧和清晰視破虛幻。在其扭曲相中，這種力量可能會固化為冷漠、憤怒和僵化的批評，成為一種毫不讓步的力量，摒棄溫暖與慈悲。就像冰一樣，它變得冷酷無情，試圖藉助孤立自己來維持控制。然而，當這種力量得到轉化時，它就會顯露出如同平靜的水面一樣純淨且具反射性的清澈，完美的映照實相，沒有扭曲或偏見。就像平靜的湖水倒映著天空一樣，這種智慧讓人能夠如實地看待事物，沒有個人的投射或情緒的波動。它帶來的是精準而不殘酷，是真相而不僵化，以及以慈悲的清晰看穿虛幻的洞察力。展現出這種力量的佛，與水流動無礙的本質完美和諧，體現出水的深度、透明度及映照現實的無限能力。

## 2. 平等性智
## ——豐饒與穩固（地元素）

平等性智之力，正如同地元素般的體現著穩固、滋養與富足。它提供了成長的基礎，在變化中給予一種堅實感。它有時也被稱為「等同之智」。在其扭曲相下，它可能會固化為傲慢、過度放縱和囤積，出於對失去的恐懼而執著於財富、知識或地位。這種執著會產生一種理所當然的意念，彷彿人必須強化自身以抵禦生命的無常。然而，當這種力量得到轉化時，它就展現出大地般深沉且不可動搖的穩定性，毫無偏見的包容並承載一切眾生的寶貴。它不再執著於積累，而是散發出慷慨與信任，認識到真正的財富在於滋養和提升他人的能力。這種智慧帶來了深刻的根基感、自信，以及自然的包容性，如同大地無私地滋養萬物一樣，它也不加思索地給出它的禮物。展現出這種力量的佛，與大地堅實、豐饒的本質完美和諧，體現出大地支撐、滋養和維繫一切眾生的能力。

## 3. 妙觀察智
## ——熱情與吸引力（火元素）

妙觀察智之力，如同火元素般，光芒四射、充滿熱情且極具吸引力，憑藉溫暖與連接將眾生匯聚在一起。在其扭曲相下，它會爆發為執著、貪戀和沉溺，不顧一切的攫取快樂、人際關係或各種體驗，拚命地試圖讓自己感覺完整。正如失控的火可以吞噬沿途的一切那樣，失衡的妙觀察智之力會在渴望、癡迷和操控中燃燒，試圖透過外界的認可來獲得滿足。當它得到轉化時，這智慧就會閃耀光芒，點燃一盞明燈，照亮深刻的理解、無條件的愛，以及與一切「相（form）」的極緻親密。正如火能揭示和照亮事物一樣，這種智慧能洞察每個人和每種情況的獨特本質，促進真正的連接而不占有。在覺醒的狀態下，妙觀察智之力能激勵、吸引並散發出溫暖，以一種能點燃一切眾生心中之愛、親密和感恩的存在呈現。展現出這種力量的佛，與火的照亮和轉化之力完美和諧，體現著火的光輝、明亮，以及能燒盡一切隔閡的能力。

## 4. 成所作智——行動與成就（風元素）

成所作智之力，就如同風元素般，活力足、迅速且充滿動感，驅使著行動與轉變。在其扭曲相下，它表現為爭強好勝、嫉妒和操控，導致內心的不安和對控制結果的癡迷需求。就像無法被遏止的狂風暴雨那樣，它不停地向前推進，總是在追逐成就卻永遠無法真正抵達。這會讓人變得強硬、急躁，並被求勝的欲望所吞噬。然而，當這種力量得到轉化時，它就展現出以精準、善巧和最佳時機行動的自然能力，就像風在空間中輕而易舉地流動一樣。擺脫了執著和比較，行動自然而流暢地展開，沒有掙扎或受自我驅動的努力。這種智慧表現為富有同情心的領導力、憑直覺的行動，以及輕鬆實現變革的能力。展現出這種力量的佛，與風不受阻礙、能做出回應的本質完美和諧，順應生命的自然潮流而行動，不抗拒也不強求。

## 5. 法界體性智——廣闊與開放（空元素）

法界體性智之力，如同空元素那般，廣闊無垠、開放且無所不包，提供了一片沒有根基的廣闊空間，萬物在其中生起又消散。在其扭曲相下，它表現為無明、困惑或精神渙散，陷入麻木或惰性之中。就像被厚厚的雲層遮蔽的天空那樣空茫，這種未覺醒的狀態掩蓋了其下的清晰與廣闊。然而，當覺醒時，這種力量展現出無邊無際、明亮的覺知，以完全的開放容納一切。這是一種認知，即沒有什麼需要被摒棄，沒有什麼與覺知本身是分離的。如同純淨、無垠的空間，這種智慧帶來了深刻的寧靜、自然而然的存在狀態，以及接納所有體驗的無限能力。佛與空間那種無邊無際、遍及各處的本質完美和諧，安住於其廣闊和無限潛能之中，沒有執著或掙扎。

| 五智及其轉化 | | | |
|---|---|---|---|
| 智慧能量 | 元素 | 扭曲相（輪迴體驗） | 轉化後的相 |
| 大圓鏡智（清晰與精準） | 水 | 冷漠、憤怒、批評 | 完全清晰，如是看待現實 |
| 平等性智（珍貴、同等與穩固） | 地 | 傲慢、過度放縱、囤積 | 不可動搖的穩定與包容 |
| 妙觀察智（熱情與吸引力） | 火 | 執著、貪戀、沉溺 | 深刻的理解力，與一切相的極緻親密 |
| 成所作智（行動與成就） | 風 | 好勝、嫉妒、操控 | 自然而然的，善巧的行動 |
| 法界體性智（廣闊與開放） | 空 | 無明、困惑或精神渙散 | 廣闊、無所不包的開放性 |

## 五智在覺悟者身上的顯現方式

所有的佛都能完全運用五智之力的各個方面。這些力量緊密地融合成一種圓滿覺醒的表現形式，成為同一圓滿成佛覺性的不同面向。

佛自然而然地展現出大圓鏡智的清晰、平等性智的穩固、妙觀察智的溫暖、成所作智的任運自在的行為，以及法界體性智的廣闊開放，沒有任何扭曲或失衡。每一種智慧都能根據利益眾生的需要自然地顯現。

如此，一顆開悟之心能夠清晰地洞察，毫無保留地去愛，善巧地行動，並護持一切眾生。

# 佛身（Kayas）

佛的覺悟本性遍及所有的體驗層面中，以不同的方式顯現，引導眾生走向覺醒。這一點透過三身（三身說）的教義得以闡述。三身揭示了絕對實相、智慧，以及慈悲行不可分割的統一性。這三身分別是：**法身**、**報身**和**化身**。

雖然這三個面向被以「身」這個詞來描述，但把三身看作存在的具象層面或領域可能會更有幫助。

## 法身

即**實相之身**，是圓滿成佛本身那廣闊無垠的「子宮」——超越相、超越位置，也超越身分。法身是存在的最終根基，如空間般的覺知，它是完美的空性，又是所有體驗的源頭。這是覺悟之心最純粹的面向，完全超越了生、死或變化。就如同天空不會被雲朵所沾染一樣，法身是存在的純淨層面，沒有任何遮蔽，始終作為所有佛的真實本質和歸宿而存在。

## 報身

即**極樂與智慧之身**，是圓滿成佛以純淨之相顯現的明亮光輝。這個層面的體驗顯現為所有業障被淨化後的直接結果。它既包括淨化後的能量之身，也包括智慧以佛、空行母及覺悟能量的形式顯現的實相層面。這是實相的神聖面向。這是純粹交流、象徵意義及具遠見體驗的領域——在這個領域中，圓滿成佛的覺性以能夠啟發和引導修行者的智慧相來表達其自身。

## 化身

即**應化身**，是覺悟在物質世界中並以物質世界為載體的慈悲顯現。這就是佛在輪迴中向他人顯現的方式，採取能夠直接與普羅大眾接觸的相。化身完全體驗到有情眾生的痛苦，在體現眾生的掙扎的同時，又始終立足於法身的空性及報身的神聖性。覺悟者以無數種方式示現——無論是作為偉大的上師還是普通人——始終根據所渡化對象的需求來進行相應的示現。

這三身共同揭示出，圓滿成佛並非一種單一、靜態的狀態，而是一種同時在現實的多個層面運作的普遍存在。佛的體驗如同法身般無邊無際且空性，如同報身般明亮且神聖，如同化身般慈悲且能做出回應。這三身作為一個天衣無縫的整體，完美地不可分割。（這種不可分割性有時被稱為自性身或本質身）。三身表明，圓滿成佛遍及存在的所有層面中——它貫穿體驗的全部面向，以無限的方式顯現，以利益一切眾生。

## 透過身、語、意的慈悲表達

當佛身得以穩固，五智之力自然顯現時，圓滿成佛便會自然而然地透過佛的身、語、意表達其自身。

這三個面向的表達（身、語、意）使得覺悟的存在能夠積極地與世間互動，以任何所需的方式利益眾生。

## 佛的三種展現模式

**「身」**是圓滿成佛的可見形態。佛的行為、動作和手勢都非比尋常；它們是智慧的直接傳遞，毫不費力地體現著慈悲與清明。甚至覺悟者周圍的環境都能成為一個轉化的場域，且所散發的能量能提升和喚醒與之接觸的人。

佛的**「語」**承載著言語的解脫力量，直接源自覺醒的智慧，唯一的目的就是利益一切眾生。佛的教誨絕非隨意而為；它們能完美契合每個人在任何時刻的特定需求。有時言語輕柔溫和，給予鼓勵和慰藉；有時則尖銳直接，能穿透虛妄。甚至當沉默源自深刻的證悟時，也能成為一種深刻的教誨，傳達超越概念的真理。在更精微的層面上，佛的這一面向與氣息相關。

佛的**「意」**是一片無垠的智慧與慈悲之境，無邊無際且無形無相，以完全開放的心承載萬物。此時不再有自我與他人的分別感——只有智慧應眾生需求而自然、輕鬆不費力地展現。從這種證悟中，所有的發心都自然流露，飽含著菩提心，即讓一切眾生獲得解脫的無限願心。

**覺悟的行為是自然而然的——**

- 一旦證悟顯現，便沒有絲毫猶豫或懷疑，只有智慧自由且自然的表達。
- 一位完全覺醒的存在不會刻意思索如何幫助他人，慈悲心會自然而然地流露。
- 沒有固定的方法。佛可能會藉由言語、自身的存在、沉默或直接的體驗來引導眾生。

這就是為什麼覺悟的行為是無窮無盡的——它並非是一種費勁的努力，而是證悟本身自然散發的光輝。

我的老師丹過去常說：「佛的職責就是為了利益眾生而展現出無窮無盡的覺悟行為。」這是一個很恰當的描述。

正如太陽不用付出分毫就能散發光芒和溫暖一樣，佛的行為永不停息，總能不費吹灰之力地放射出智慧與愛的光芒。

·思·考·練·習·

## 圓滿成佛的無盡行動

相較於把圓滿成佛當作一個遙不可及的目標去追求，我們可以思考以下問題：

☐毫不猶豫、毫無自我懷疑，純粹為了他人的利益而行事，這意味著什麼？

☐如果世間的一切——每一種情緒、每一件事情——都被視作智慧的一種表達，那麼生活會是怎樣的感覺？

☐如果你的存在本身就已然是一種覺悟的展現，促使你萌生出更深的慈悲，那又會如何呢？

一旦證悟降臨，便沒有什麼可強迫的，也沒有什麼可控制的——一切都是自然的呈現。三身得以穩固，五智之力自發顯現，剩下的就是透過身、語、意所表達的無窮無盡的愛與智慧。

下一章，我們將探索這種覺醒的行動是如何憑藉被稱為「五方佛家族」的五種原型而被獨特地展現。

目前，只須安住於這一點：

**五智之力和三身是覺悟之心的自然展現。**

第 16 章

# 佛果的獨特展現

# 單一證悟的多彩呈現

上一章，我們探討了圓滿成佛如何包含著智慧與慈悲無窮無盡的表達。佛身和五智之力揭示出，圓滿成佛是一種具有無盡創造力的展現，以應對眾生所需的任何方式。

現在，我們將對這一領悟作更深入的探討。我們先從一個探究入手：

所有的佛都是一樣的嗎？還是說他們是各自獨一無二的呢？

劇透警告：兩者皆是！

**所有的佛都擁有相同的圓滿成佛的覺性，但圓滿成佛覺性的表達卻是獨特的。**

本章將探討覺悟透過被稱為五方佛家族的五種原型類別在世間顯現的獨特方式。

在接下來的幾頁中，我們將探究五方佛家族如何代表不同的圓滿成佛原型，每種原型都體現了覺醒智慧的獨特表達。我們會看到每一尊佛是如何以獨特的方式顯現其證悟的，以一種充滿活力且個性化的方式揭示圓滿成佛。最後，我們將審視你，你也同樣擁有一個屬於自己的天然佛族——你自身圓滿成佛得以閃耀的獨特方式。

圓滿成佛並不會抹去獨特性，而是會充分展現它。就如同白光折射成彩虹一樣，了悟透過獨特的個人經歷、模式、智慧能量和自然傾向的透鏡閃耀而出，創造出一種獨一無二的佛性表達。

## 五方佛家族——圓滿成佛的原型

儘管所有的佛都擁有相同的證悟，但他們並非都以相同的方式來表達。五方佛家族（梵語：panchakula）代表了覺悟之佛的五種基本原型——即佛在世間顯現的不同相。

這五方佛家族與我們在上一章探討過的五智之力緊密連繫。然而，五智之力描述的是覺悟之心的動態屬性，而五方佛家族代表的則是圓滿成佛本身不同的原型表達。

每個佛族都體現了一種獨特風格或類型的覺醒行動。這種分類方式塑造了智慧是如何傾向於以特定方式在不同佛身上顯現的。所以，儘管所有的佛都具備這五種智慧力量，但根據他們所屬的佛族不同，其表達的風格和主導模式也各不相同。

就像純淨的白光透過稜鏡折射出不同的色彩一樣，同樣的圓滿成佛也透過這五種原型放射出來。有的佛威嚴凶猛、勢不可擋，有的佛寧靜祥和、光芒四射——每一尊佛都以他自己的方式滿足著眾生的需求。

| 五方佛家庭 | 此類佛在世間的行動方式 | 佛的原型 | 象徵 | 相關的智慧能量 |
| --- | --- | --- | --- | --- |
| 金剛部 | 具有深刻的洞察力，能穿透妄想，擁有敏銳的才智，展現出精準且透徹的氣質 | 不動佛：具堅定不移的清晰洞察力之佛，將迷惑轉化為洞見 | 金剛杵 | 大圓鏡智 |
| 寶部 | 慷慨大方，滋養萬物，營造和諧氛圍，為他人帶來財富和精神上的富足 | 寶生佛：富足之佛，揭示一切眾生的珍貴之處 | 珠寶 | 平等性智 |
| 蓮花部 | 極具魅力，充滿愛心，與他人緊密相連，引領眾生走入佛法 | 阿彌陀佛：無量光佛，透過愛與美好喚醒眾生 | 蓮花 | 妙觀察智 |
| 羯磨部 | 高效、強大、善巧，為世間執行偉大的事業 | 不空成就佛：無畏行動之佛，實現轉變與成就 | 寶劍 | 成所作智 |
| 佛部 | 極為寧靜、祥和，擁有廣闊的氣場，為萬物自然的生起與消逝留出空間 | 毗盧遮那佛：擁有廣闊、空性覺知的遍一切處之佛 | 法輪 | 法界體性智 |

## 佛在世間顯現的獨特方式

每一眾生在圓滿成佛之前，都有一種主導的類型，即他們的心與世界互動的一種方式。

圓滿成佛之後，同樣的類型並不會消失——它會得到淨化，並轉化為一種覺悟的存在方式；也就是成為某一特定原型的佛。了解自己所屬的佛族，能提升你在世間的覺悟行為。如果我們審視五方佛（五禪定佛），也就是每個佛家庭最初的原型，我們看到的不是圓滿成佛的單一表現形式，而是一種明顯不同的類型畫分：

### 不動佛（金剛部）

代表鏡智的佛，以堅定不移的清晰洞察力斬斷妄想，將瞋怒轉化為洞見。

### 阿彌陀佛（蓮花部）

代表無量光和大慈悲的佛，透過愛、虔誠和美好，引導眾生走向圓滿成佛。

### 不空成就佛（羯磨部）

代表無畏行動之佛，體現了成就的智慧，以及在世間實現轉變的力量。

### 寶生佛（寶部）

代表富足與平等心的佛，將我慢轉化為慷慨，揭示出一切眾生的神聖珍貴之處。

**毗盧遮那佛（佛部）**

代表廣大、空性覺知的遍一切處的佛，體現了純淨、不二的覺知智慧。

當我們審視歷史和傳說中的偉大佛陀與菩薩時，我們也能看到類似的原型：

| | |
|---|---|
| **文殊菩薩（金剛部）** | 智慧的化身，如利劍般斬斷無明。 |
| **地藏菩薩（羯磨部）** | 無畏的菩薩，誓願將眾生從地獄道中解脫出來，展現出無限的決心和行動力。 |
| **普賢菩薩（佛部）** | 體現法界本身的本初佛。 |
| **彌勒菩薩（寶部）** | 未來佛，體現富足與仁慈，散發著慷慨之氣，並預示著一個覺悟時代的到來。 |
| **蓮花生大士（蓮花部）** | 改變了西藏的密宗大師，體現著智慧、愛和善巧方便的吸引力。 |

每一位偉大的存在都根據其原型，以自己獨特的方式表達著同樣的圓滿成佛。

## 你屬於哪一種佛呢？

正如每一尊佛都以獨特的方式顯現一樣，你也是如此。你擁有一個獨特的佛家庭歸屬，以及一種特定的智慧能量組合。

**□你是否思維精準敏銳，能夠瞬間看透困惑？**

→ 你可能是**金剛部**家族的一員。

**□你是否生來富足、慷慨且具有穩定人心的特質？**

→ 你可能是**寶部**家族的一員。

**□你是否以愛、吸引力和深厚的情感聯繫引領他人？**

→ 你可能是**蓮花部**家族的一員。

**□你是否以強大且勢不可擋的行動力行事？**

→ 你可能是**羯磨部**家族的一員。

**□你是否安住於廣袤的寧靜之中，為萬物留出空間？**

→ 你可能是**佛部**家族的一員。

保持好奇，探究哪些原型模式最能引起你的共鳴。這種認知有助於提升你在世間的覺悟行為，並讓你留意自己最容易受哪些扭曲模式的影響。

而且要記住，理解這些原型模式，並不是另一種強化自我實體感的方式。這是一種顯現模式，一旦理解，就能讓你存在的相對層面得到解脫，以發揮其最大潛能。

你毋須壓抑真實的自己。你的圓滿成佛會自然地以其獨特的方式展現，而不會產生那些遮蔽你真實本質的自我認同或障礙。

那麼，你是哪一種佛呢？

- **金剛部佛**　以清晰的見解和智慧教導眾生。
- **寶部佛**　滋養萬物並營造和諧氛圍。
- **蓮花部佛**　以愛和情感聯繫引領眾生走向智慧。
- **羯磨部佛**　成就事業，實現偉大的功績。
- **佛部佛**　只是自然存在，為萬物容納廣闊的空間。

成為佛沒有唯一正確的道路。圓滿成佛以獨特的方式閃耀光輝，以最適合利益他人的方式呈現。

·思·考·練·習·

## 你獨特的佛族歸屬

- □哪個佛家庭最能反映你天生的優勢和模式？
- □如果你已經完全覺醒，你的佛性會如何在世間展現？
- □你身上的哪些特質一旦得到淨化，能成為利益一切眾生的源泉？
- □你個人的覺醒之路會如何塑造你原本引導和激勵他人的方式呢？
- □與其努力去契合某種圓滿成佛的理想模式，你如何相信自己已然閃耀著的佛性表達呢？

此刻，只須記住：

**你的道路是獨一無二的。你對圓滿成佛的展現也是獨一無二的。讓你獨有的七彩盡情閃耀光芒吧。**

## 第 17 章

# 圓滿與慈悲

# 道路的終點，佛果的起點

證悟之道有一個目標，並非無盡的漂泊。菩提道次第的漸修教法——從道德規範和禪定基礎，到大手印和大圓滿的最高智慧——引領至一種明確的證悟：對圓滿成佛覺性的認知。

從這個意義上來說，道路確實會臻至圓滿。曾經遮蔽實相的迷惑消弭了，痛苦結束了。曾經向外攫取的心，毫不費力地安住於其自然狀態。這種自然狀態**原本就是純淨的，它能直接且當下就認知到自己是存在本身的真正源頭**。

然而，即便從智慧的角度來看已經證悟圓滿，慈悲的行為卻永不停歇。

佛教談及兩種真理：勝義諦和世俗諦。

### 在勝義層面

無事可做，無處可去，也無所得。圓滿成佛的覺性已然自由，且一直都是自由的。當了悟這一點時，旅程便結束了。**這就是事物的本然狀態。**

**在世俗層面**

世界仍在繼續。痛苦似乎依然存在，眾生仍然覺得自己陷在虛幻之中。因此，慈悲不會終結——慈悲是自然而然且毫不費力的。**這就是事物呈現的樣子。**

這兩個真理是完全不可分割的，它們都源自空性這一至高根源。

這就是為什麼最偉大的上師們，即便在認知到圓滿成佛的覺性之後，仍繼續教導、引領和服務眾生。不是因為他們需要這麼做，也不是因為他們在追尋什麼，而是因為智慧的自然運作就是以完滿的親近和慈悲表達其自身。

## 圓滿

對大多數人而言，靈性修行之路始於追尋。我們覺得有所缺失，於是便去尋找答案。我們學習、禪修、精進——一步一步地——深化我們的理解。

然後，在某個時刻，我們看透了這齣戲的虛幻本質。我們甚至看透了修行之路本身的概念。引領我們走到此刻的這條道路也是空性的。依此，我們認識到一直以來的真相：此刻正在閱讀這些文字的這個覺性，已然自由，已然完全覺悟。這不是概念上的認知，而是對圓滿成佛的本初自性的直接證悟。**它一直以來都是如此**。

有了這種認知，追尋就結束了。不再有努力「證悟」的掙扎，因為現在已經非常清楚，圓滿成佛從來都不是需要去獲得的。圓滿成佛的覺性，連同其佛身、智慧能量及原型表達模式，就是事物的本然狀態，也一直如是。就像這樣，丹過去常說，在這個修行層面，「你嵌入（lock into）了實相本身的結構之中」。

## 慈悲

智慧的圓滿自然生起無限的慈悲。當不再執著於一個獨立的自我時，仁慈便不再費力。它並非來自義務或責任——當虛幻消散、所有業力得到淨化時，這就是自然而然會發生的事情。

一個完全證悟的存在毋須思考「我應該幫助他人」，相反的，他們情不自禁地去幫助。慈悲不是一種修行——而是一種存在方式。就像太陽的光芒自然溫暖一樣，一個佛的回應自然充滿慈悲，而且善巧方便可以無限地完善。

從一個普通人的角度來看，佛似乎在進行無私的服務。但從一個開悟者的角度來看，只有本初智慧的自然流動，它自發地表達其自身。

一輪滿月會映照在地上放置的許多水桶中，這唯一的月亮看起來就有了許多個。同樣，一尊佛陀會映照在許多感知眾生的心中。看起來彷彿出現了許多與佛陀相似的化身，完美地契合每個眾生的確切需求。

大圓滿上師紐修・堪布仁波切以一種非凡的方式將圓滿與慈悲融合在一個表述中。他說：

**「痛苦沒有開始，但有結束。圓滿成佛有一個特定的開始，但沒有結束。」***

痛苦會終結，而覺悟的行為不會。佛果是實相本身充滿活力、不斷綻放的表達——契合於此時此刻、此時此刻、此時此刻……

如果你從本書中汲取到了任何智慧，希望是以下這些：

---

*出自紐修・堪布仁波切和舒雅達喇嘛所著的《拔出你的本覺之劍：本然大圓滿與金剛歌》。

**1. 證悟是可能的。**

圓滿成佛並非只屬於少數人——對你來說是可能的，只須開始踏上這條道路。

**2. 你毋須無盡地追尋。**

道路確實有終點，你可以在今生就走完這條道路。

**3. 即便智慧之路已經圓滿，愛和自發的慈悲行為永遠不會終止。**

這就是圓滿與慈悲的含義。

丹在離世前，當我跪在他床邊時，他讓我向未來我接觸到的每位學生傳達一些非常具體的內容，這是他最後的請求之一。他輕聲但無比清晰地說：「一定要讓學生們知道，這並不需要很長的時間。」

請花點時間去體會這句話的分量：**圓滿成佛並不需要很長的時間。**

佛性是你的真實本質，**沒有任何先決條件**。認知到你自己的覺悟之心並非是在時間中發生的事，這只是事物本來的樣子。

不要讓時間成為阻礙，尤其是當你探索這條漸修之路的時候。圓滿成佛並不需要很長時間。

**佛是完全自由且充滿情感的**。佛就像虛空一樣廣闊無垠，然而又與一切相無比親近。佛泰然自若且駕輕就熟地照亮了圓滿成佛之路。

在這裡，在各個方面，佛都是真正的**智慧明燈**。

**願一直都有覺悟的上師。**

**願一直都有佛法的教導。**

**願一切眾生都能證得自己的本質就是圓滿成佛的覺性。**

**願一切美好繁榮昌盛！**

附錄

# 專有名詞

【3畫】

**人格解體**　一種消極的心理狀態，個體感覺與自己的思想、情感或身體脫離，常因創傷而出現在深度禪修中。

**三身（三佛身）**　佛的覺悟所表達的三個層面——法身（無形真理身）、報身（光明喜樂身）和化身（應化身）。

**三毒**　執著、瞋恚和無明（貪、瞋、癡）這三種根本煩惱。

**上師（靈魂之母）**　一位靈性導師，培養並喚醒弟子的證悟。

**上師瑜伽**　一種虔誠的修行，祈請上師的加持，與上師的覺醒智慧融合。

**凡夫的迷妄心**　在獲得洞察和證悟之前，意識的預設、易反應狀態。

**大手印**　一種深刻的禪修體系，揭示心的本質。該體系包括四瑜伽。

**大手印四瑜伽**　大手印修行中證悟的漸進階段：

**專一瑜伽**　穩定注意力。

**離戲瑜伽**　直觀空性。

**一味瑜伽**　認識到一切現象與覺性不可分割。

**無修瑜伽**　毫不費力且認識到覺醒的覺性。

## 【4畫】

**不二**　認識到主體和客體、自我和他人並不是分離的。

**中觀派（中觀哲學）**　強調空性和無自性存在的哲學流派。

**五方佛家庭**　圓滿成佛的覺性的五種不同原型表達。

**內觀**　清晰觀照或洞察，培養對無常、空性，以及超越概念的心的真實本質的直接洞察。

**內觀禪修**　直接觀照心和現象本質的修行方法。

**六度波羅蜜**　布施、持戒、忍辱、精進、禪定和智慧。

**化身**　佛在世間的肉身顯現，是慈悲的一種示現。

**反應性**　習慣性的衝動反應，而非以覺知做出回應的傾向。

## 【5畫】

**四無量心**　四種無量的品質：平等心、無條件的愛心、慈悲心和隨喜心。

**布施**　六度波羅蜜之首，體現了無私的給予，不執著且不期望回報。

**平等心**　一種平衡、無偏見的心態，對一切經歷和眾生保持開放、接納且不反應。

**平等性智**　平等心和一致性的智慧，將一切眾生的本質視為平等的。這種智慧揭示了每個眾生內在的尊嚴和珍貴。

**本覺**　直接認識到自己本具的、覺醒的覺性。

**因緣和合**　一切事物依因緣而生起的原理。

【6畫】

**成所作智**　以毫不費力且自然自發的方式為一切眾生謀福祉的覺悟能力，將躁動不安和操縱轉化為善巧的覺悟行為。

**有條件的給予**　慷慨的近敵，指給予時期望得到回報或認可。

【7畫】

**佛性**　一切眾生內在本具的圓滿成佛潛力。

**佛族**　圓滿成佛的五種原型表達，每種都與特定的智慧能量和轉化後的情感相關聯。

**冷漠**　平等心的近敵，指個體在情感上脫離而非保持開放、當下和全然感受的狀態。

**妙觀察智**　極緻親密與精準的辨別之智，在直接感知每個體驗獨特性的同時，不執著其中。

**忍辱**　以穩定和慈悲面對困難。

**我執**　習慣性地認同並執著於一個固定的自我感。

**身**　指佛覺悟存在的不同「身」。

## 【8畫】

**法**　佛陀的教導以及通向解脫的真理之道。

**法身**　佛的三身之一。這是佛的無形、究竟實相，超越一切概念化的闡釋。

**法界體性智**　廣闊開放的智慧，揭示一切現象本質上是自然圓滿且無自性的空性。

**空性**　洞察到一切現象皆無自性，且因緣而生。

**近敵**　美德的細微扭曲，看似相近但缺乏其深度（例如，憐憫是慈悲的近敵）。

**金剛部能量**　與明晰、精準和洞察力相關的智慧能量。

## 【9畫】

**皈依**　在三寶：佛、法、僧之中取得庇護。

## 【11畫】

**猜忌**　一種消極的心理狀態，擔心失去自己已經擁有的東西。這種心態可轉化為成所作智。

**執著**　對經歷、事物或人際關係的攫取或依附，會導致痛苦。

**現實感喪失**　一種對外部世界的消極脫離感，覺得現實顯得遙遠或不真實。

**貪婪**　慷慨的遠敵，表現為自私的欲望和囤積。

【12畫】

**報身**　佛體驗純淨視野和神聖世界的受用身。

**殘忍**　慈悲的遠敵，表現為對他人的冷漠或傷害。

**無明**　對實相的根本性誤解，遮蔽了對自己真實自性的認知。

**無修**　一種修行階段，覺知自然呈現，毋須刻意努力。

**無常**　所有現象，包括思想和情感，都在不斷變化的真理。

**菩提心**　覺醒的心靈，即為了一切眾生的利益而圓滿成佛的發心和承諾。

**虛假的皈依**　在無常或外部事物中尋求安全感，而非在覺醒的本性中找到真正的皈依。

【13畫】

**瞋恨**　無條件的愛的遠敵，表現為敵意或厭惡。

**嫉妒**　隨喜的遠敵，表現為對他人所擁有之物的怨恨或渴望。

**慈悲**　祝願一切眾生擺脫痛苦，並透過善巧和充滿愛的行動表達。

**暇滿人身**　獲得人身並具備圓滿成佛能力的稀有且幸運的機會。

**業**　因果法則，根據過去的行為塑造當下的經歷。

**業障**　遮蔽清明的覺性和純淨視野的習慣性傾向和心理印記。

**解離**　一種消極的心理狀態，感覺與體驗脫節，常作為一種防禦機制出現。

## 【14畫】

**僧團**　在修行道路上相互支持的修行者團體。

**慣性模式**　深深烙印在心中的傾向，影響著認知和行為，常導致痛苦。

## 【15畫】

**憐憫**　慈悲的近敵，表現為對受苦者的優越感或居高臨下的態度，而非真正的同理心和情感連接。

**蓮花部能量**　與激情、愛和吸引力相關的智慧能量。

**輪迴**　以痛苦為特徵的有漏存在的迴圈。

**隨喜**　真心為他人的幸福和成功感到喜悅，不摻雜自私的利益。

## 【16畫】

**禪定**　深度的禪修專注狀態。

**禪修**　培養穩定性、明晰性和洞察力的修行方法。

## 【19畫】

**鏡智**　如實地反映實相，不受扭曲的智慧。

## 【20畫】

**寶部能量**　與慷慨、珍貴和穩定相關的智慧能量。

**覺醒的覺性**　認識到自己的真實自性本質是明晰、無垠、無中心的覺知。

圓神出版事業機構 Eurasian Publishing Group
用心與你對話・視野無限寬廣
方智出版社 Fine Press

www.booklife.com.tw reader@mail.eurasian.com.tw

新時代 200

# 覺醒之道：寫給現代人的漸悟指南

作　　者／達斯汀・迪佩納（Dustin DiPerna）
譯　　者／陶張歡
審　　定／張德芬
發 行 人／簡志忠
出 版 者／方智出版社股份有限公司
地　　址／臺北市南京東路四段50號6樓之1
電　　話／（02）2579-6600・2579-8800・2570-3939
傳　　真／（02）2579-0338・2577-3220・2570-3636
副 社 長／陳秋月
副總編輯／賴良珠
資深主編／黃淑雲
責任編輯／張雅慧
校　　對／張雅慧・賴良珠・張德芬
美術編輯／林雅錚
行銷企畫／陳禹伶・陳衍帆
印務統籌／劉鳳剛・高榮祥
監　　印／高榮祥
排　　版／陳采淇
經 銷 商／叩應股份有限公司
郵撥帳號／18707239
法律顧問／圓神出版事業機構法律顧問　蕭雄淋律師
印　　刷／祥峰印刷廠
2025年8月 初版

A Lamp Of Wisdom：A Modern Guide to the Gradual Path of Enlightenment


定價 320 元　ISBN 978-986-175-858-9

本書推薦的漸悟覺醒之道並不局限於任何宗教，
雖然根基於佛教的教義原則，但真正意義上是，
邀請你以一種與你自己的道路產生共鳴的方式來接觸永恆的真理。
我們生活在一個複雜、快節奏且受到心理學見解、
神經科學、創傷研究及全球化影響的環境中，
因此更需要這種與現代生活保持相關性和接受性的證悟之道。

——《覺醒之道》



國家圖書館出版品預行編目資料

覺醒之道——寫給現代人的漸悟指南／達斯汀．迪佩納（Dustin DiPerna）作；
陶張歡 譯.
-- 初版. -- 臺北市：方智出版社股份有限公司，2025.08
240 面；14.8×20.8 公分. --（新時代；200）
譯自：A lamp of wisdom : a modern guide to the gradual path of enlightenment
ISBN 978-986-175-858-9（平裝）

1. CST：藏傳佛教 2.CST：佛教修持

226.965 114008172